Аканкша Сингх
Санджай Гупта
Гурприт Дхинса

Биомаркеры при заболеваниях пародонта

Аканкша Сингх
Санджай Гупта
Гурприт Дхинса

Биомаркеры при заболеваниях пародонта

Imprint

Any brand names and product names mentioned in this book are subject to trademark, brand or patent protection and are trademarks or registered trademarks of their respective holders. The use of brand names, product names, common names, trade names, product descriptions etc. even without a particular marking in this work is in no way to be construed to mean that such names may be regarded as unrestricted in respect of trademark and brand protection legislation and could thus be used by anyone.

Cover image: www.ingimage.com

This book is a translation from the original published under ISBN 978-620-6-14439-7.

Publisher:
Sciencia Scripts
is a trademark of
Dodo Books Indian Ocean Ltd. and OmniScriptum S.R.L publishing group

120 High Road, East Finchley, London, N2 9ED, United Kingdom
Str. Armeneasca 28/1, office 1, Chisinau MD-2012, Republic of Moldova, Europe
Printed at: see last page
ISBN: 978-620-6-48864-4

Содержание

Введение

"Организм голографичен, поэтому, изменяя один биомаркер, вы влияете на все".
Пародонтит - это группа воспалительных заболеваний, при которых поражаются соединительнотканные прикрепления и опорная кость вокруг зубов. Принято считать, что возникновение и прогрессирование пародонтита зависят от наличия вирулентных микроорганизмов, способных вызывать заболевание. Цель диагностических процедур при пародонтите - предоставить врачу полезную информацию о типе, локализации и тяжести заболевания пародонта[127] . В связи с растущей распространенностью и сопутствующими заболеваниями ведется поиск скрининговых и диагностических методов для раннего выявления возникновения и прогрессирования пародонтита, а также объективных показателей ответа на терапию.[32]

Биомаркер или **биологический маркер** - это вещество, которое объективно измеряется и оценивается как показатель нормального биологического процесса, патогенного процесса или фармакологического ответа на терапевтическое вмешательство. Идеальный диагностический маркер должен указывать на наличие патологического процесса до того, как произойдет обширное клиническое повреждение[136] . В области пародонтологии традиционные клинические критерии часто оказываются недостаточными для определения очагов активного заболевания, мониторинга ответа на терапию или определения степени предрасположенности к прогрессированию заболевания в будущем.[101] Исходя из наших современных представлений о сложности пародонтита, выделение единого диагностического маркера для всех форм заболеваний пародонта представляется иллюзорным. Диагностика пародонтита позволяет получить необходимую информацию для дифференциальной диагностики, определения локализации заболевания и степени тяжести инфекции. Эта диагностика, в свою очередь, служит основой для планирования лечения и позволяет оценить эффективность пародонтологической терапии.[60]

Современные методы диагностики заболеваний пародонта были поставлены под сомнение в середине 1980-х годов **(82)**, а в конце **1980-х** и в **1990-х годах была проведена** переоценка существующих диагностических протоколов[15] В пародонтологии большой проблемой является определение биомаркеров для скрининга и прогнозирования раннего начала заболевания (прогностические тесты) или оценки активности заболевания и эффективности терапии (диагностические тесты). Выявление восприимчивых лиц или участков, подверженных риску заболевания, а также диагностика активных фаз заболеваний пародонта представляют собой сложную задачу как для клиницистов, так и для исследователей в области гигиены полости рта.[144]

Основными биологическими средами, в которых проводился поиск биомаркеров, были слюна, сыворотка крови, поддесневой налет, биопсия тканей и десневая щелевая жидкость. Необходимо разработать более быстрые и объективные скрининговые тесты, которые могли бы выполняться как медицинскими, так и стоматологическими специалистами, чтобы улучшить показатели диагностики в стоматологической клинике/кабинете и облегчить скрининг в медицинской практике.[15]

Принципы работы этих новых диагностических тестов во многом основаны на выявлении маркеров активности заболевания. Термин **"маркеры болезни"** в основном включает в себя три отдельные категории: индикаторы текущей активности болезни;

предикторы будущего развития болезни; предикторы начала будущей болезни на здоровом участке. Важно также определить понятие "болезнь", чтобы отделить гингивит от деструктивного периодонтита. Биомаркеры - это количественно измеряемые биологические параметры, которые служат индикаторами для оценки состояния здоровья и физиологии. Биомаркеры являются "сигнатурой" состояния здоровья; они обнаруживаются в биологических жидкостях, таких как кровь, моча, а в последнее время и слюна. Некоторые из биомаркеров ротовой жидкости, такие как белки хозяйского происхождения (например, ферменты и иммуноглобулины), клетки хозяина (например, PMNs), бактерии, а также продукты жизнедеятельности бактерий, ионы, гормоны и летучие соединения, были изучены для диагностики пародонтита.[124]

Прогрессирование заболеваний пародонта носит эпизодический характер на уровне участка зуба, однако риск развития заболеваний пародонта в основном зависит от пациента, а не от участка. В исследованиях, посвященных патогенезу заболеваний пародонта, обычно изучается возможность использования биохимических и иммунологических маркеров в слюне и/или GCF для отражения степени деструкции пародонта и прогнозирования дальнейшего развития заболевания.[95]

Учитывая многогранность проявлений заболеваний пародонта, единого специфического целевого биомаркера для них пока не выявлено. Однако валидация эффективной диагностики требует выявления и проверки биомаркеров, коррелирующих с развитием заболевания.[110] Биомаркеры дают знания о клинической фармакологии и служат основой для разработки клинических испытаний, позволяющих быстро и окончательно оценить безопасность и эффективность. Биомаркеры предоставляют информацию для определения дозировки и минимизации межиндивидуальных различий в ответах.[9]

Villela B, Cogen RB, Bartolucci AA, Birkedal H (1987)[137] провели исследование по сравнению уровня коллагенолитической активности в образцах жидкости, полученных от пациентов с хроническим пародонтитом взрослых, локализованным ювенильным пародонтитом и гингивитом, с образцами здоровой десны, используя чувствительный метод фибриллярного микроанализа. Они пришли к выводу, что была обнаружена значительная корреляция между объемом жидкости и глубиной кармана у пациентов с ХАП, а также между объемом жидкости и баллом GI у пациентов с гингивитом, но не было обнаружено связи между активностью коллагеназы и объемом жидкости.

Rutger Persson G, Page RC (1992)[105] провели исследование с целью демонстрации диагностических и прогностических характеристик для различных пороговых значений AST в щелевой жидкости для выявления различных форм заболеваний пародонта. Они пришли к выводу, что AST-тест является ценным диагностическим ферментативным дополнением, но при этом возникает необходимость применения методов принятия клинических решений для правильной оценки совокупности полученной информации.

Armitage, Gary C, Jeffcoat, Marjorie K, Chadwick, David E (1994)[4] провели исследование с целью определить, может ли уровень эластазы в десневой щелевой жидкости (GCF) служить маркером прогрессирования пародонтита. Уровень эластазы в GCF, определяемый по реакции с флуоресцентным субстратом, оценивался визуально по флуоресцентным стандартам и количественно с помощью флуорометра. Авторы пришли к выводу, что участки с высоким уровнем эластазы подвержены значительно большему риску прогрессирующей потери костной ткани по данным цифровой субтракционной рентгенографии.

Kido Jun-ichi, Nakamura T, Kido R, Ohishi K, Yamauchi N, Kataoka M, et al (1999)[61] исследовали корреляции между уровнем кальпротектина в ГКФ и клиническими показателями (глубина зондирования и кровоточивость при зондировании, ВОР), а также уровнем IL-1b или PGE2 в ГКФ. Они пришли к выводу, что уровень кальпротектина в GCF хорошо коррелирует с клиническими и биохимическими маркерами заболеваний пародонта в десневой щели, и предположили, что кальпротектин может быть полезен для оценки степени воспаления пародонта.

Kaufman E, Lamster IB (1999)[55] провели исследование по изучению составляющих слюны в качестве потенциальных диагностических тестов для заболеваний пародонта. Они пришли к выводу, что ферменты и другие медиаторы воспаления, образующиеся в десневой щели, являются наиболее перспективными в качестве слюнных диагностических тестов при заболеваниях пародонта.

Alpagot T, Bell C, Lundergan W, Chambers DW, Rudin R (2001)[3] провели исследование с целью определить, могут ли матричная металлопротеиназа-3 (ММП-3) и тканевой ингибитор металлопротеиназ-1 (ТИМП-1) в десневой щелевой жидкости (GCF) служить прогностическими факторами прогрессирования пародонтита. Уровень ММП-3 и ТИМП-1 в GCF определяли методом сэндвич ИФА. Был сделан вывод, что участки с высоким уровнем ММП-3 и ТИМП-1 в GCF подвержены значительно большему риску прогрессирования пародонтита.

Osamu F. Inoue T, Miura K, Maeda M, Katsumasa (2002)[33] провели исследование с целью установления полезных патогенных маркеров для прогнозирования и оценки результатов лечения после скалирования и планирования корней. Они пришли к выводу, что сочетание p. gingivalis и b. forsythus, а также уровень p. gingivalis полезны для оценки результатов лечения.

Miller CS, King CP, Langub MC, Kryscio RJ, Thomas MV (2006)[84] провели исследование с целью определить, коррелируют ли биомаркеры слюны, характерные для трех аспектов пародонтита - воспаления, деградации коллагена и оборота костной ткани - с клиническими признаками пародонтита. Они пришли к выводу, что уровни ММП-8 и ИЛ-1в в слюне могут служить биомаркерами пародонтита.

Rai B, Kharb S, Anand SC (2007)[108] провели исследование с целью определения связи между уровнем слюнного тиоцианата и ферментов и пародонтитом. Они пришли к выводу, что уровни тиоцианата, АСТ, АЛТ и ЛДГ в слюне отражают воспаление и деструкцию тканей пародонта, что позволяет говорить о клинически полезных маркерах.

Frodge BD, Ebersole JL, Kryscio RJ, Thomas MV, Miller SG (2008)[32] провели исследование по оценке уровня этих биомаркеров в слюне в зависимости от состояния пародонта. Они пришли к выводу, что уровень TNF-a в слюне был повышен у пациентов с клиническими признаками пародонтита, что позволяет предположить, что этот биомаркер может войти в панель слюнных биомаркеров, которые могут облегчить скрининг, диагностику и лечение заболеваний пародонта.

Fine DH, Markowitz K, Furgang D, Fairlie K, Ferrandiz J, Nasri C (2009)[30] проведено исследование по оценке содержания хемокинов/цитокинов в слюне, полученной от пародонтологически здоровых детей, у которых впоследствии развилась потеря альвеолярной кости. Девяносто шесть пародонтологически здоровых школьников с Аа+ и Аа- были повторно обследованы каждые 6-9 месяцев после скрининга. Проводились осмотр, сбор слюны и рентгенография. По заключению авторов, высокая чувствительность и специфичность MIP-1a, хорошо коррелирующая с глубиной зондирования и сроками начала потери костной ткани, позволяет использовать его в качестве раннего биомаркера ЛАГП.

Ramseier CA, Kinney JS, Herr AE, Braun T, Sugai JV, Shelburne CA et al (2009)[110] провели исследование с целью определения способности предполагаемых биомаркеров, полученных от хозяина и микроорганизмов, определять состояние пародонта по цельной слюне и биопленке зубного налета. Они пришли к выводу, что данный подход обладает значительным потенциалом для выявления биомаркерных сигнатур, полезных для разработки быстрой POC-диагностики заболеваний полости рта и системных заболеваний.

Teles R, Sakellari D, Teles F, Konstantinidis A, Kent R, Socransky S, et al (2010)[132] путем измерения уровней биомаркеров десневой щелевой жидкости (GCF) и поддесневых видов бактерий у пародонтологически здоровых людей и людей с пародонтитом изучали взаимосвязь между этими биомаркерами, поддесневой микробиотой и клиническими параметрами заболеваний пародонта. Значимость различий между группами определяли с помощью непарного t-теста или теста Манна-Уитни. Был сделан вывод, что клинически здоровые участки у пациентов с пародонтитом имеют более высокий уровень биомаркеров GCF и пародонтальных патогенов, чем клинически здоровые участки у пациентов с пародонтитом.

Reinhardt AR, Stoner JA, Golub LM, Lee HM, Nummikoski PV, Sorsa T et al (2010)[111] провели исследование с целью корреляции биомаркеров воспаления и резорбции костной ткани в GCF с последующим прикреплением пародонта и потерей костной ткани в ходе продольного испытания ингибитора матриксной металлопротеиназы (ММП). GCF собирали из двух пародонтальных карманов (средний размер - SD: 5,1-1,0 мм) в исходном состоянии и ежегодно у женщин постменопаузального возраста с умеренным и прогрессирующим пародонтитом, которые проходили пародонтологический уход каждые 3-4 месяца в ходе 2-летнего рандомизированного клинического исследования с двойной маской и плацебо-контролем доксициклина (SDD; 20 мг 2 раза в день) в сублимированной антимикробной дозе. Они пришли к выводу, что повышенное содержание в GCF биомаркеров воспаления и резорбции костной ткани из небольшого числа участков умеренной/глубокой интенсивности может выявить пациентов, подверженных прогрессированию пародонтита, а SDD может изменить этот риск.

Sanchez GA, Miozza VA, Delgado A, Busch L (2013)[117] провели исследование с целью сравнения их концентрации в слюне в зависимости от пародонтального статуса и их изменения после пародонтологического лечения, чтобы определить их использование в качестве неинвазивных диагностических средств. IL-1b и PGE2 определяли в нестимулированной цельной слюне методом иммуноферментного анализа (ELISA). Сделан вывод, что высокая чувствительность и специфичность слюнных IL-1b и PGE2 при выявлении пародонтита позволяет говорить о возможности их использования в качестве биомаркеров для диагностики наличия и степени тяжести пародонтита.

Gursoya UK, Onen E, Pussinenc PJ, Tervahartialac T et al. (2011)[44] предлагают новый диагностический подход, использующий для выявления пародонтита 3 различных слюнных маркера, отражающих патогенное бремя пародонта, воспаление и деградацию тканей. Они пришли к выводу, что использование трех слюнных биомаркеров, отражающих патогенную нагрузку на пародонт, воспаление и деградацию тканей, и расчет суммарного балла риска на основе этих маркеров позволяют выявить пародонтит с большей точностью, чем анализ одного из слюнных биомаркеров в отдельности.

Sanikop S, Patil S, Agrawal P (2012)[1] провели исследование с целью определения наличия и уровня активности ALP в десневой щелевой жидкости (GCF) при здоровье пародонта, гингивите и хроническом пародонтите. Образцы GCF были взяты из 45 участков, которые были разделены на три равные группы: здоровые образцы, образцы с гингивитом и хроническим пародонтитом. Сделан вывод, что уровень ALP в GCF может быть использован в качестве потенциального биохимического маркера для выявления и прогрессирования заболеваний пародонта.

Levine ME, Kim JK, Crimmins EM (2013)[69] провели исследование с целью выяснить, опосредована ли ассоциация между заболеваниями пародонта и демографическими факторами физиологическими показателями здоровья. С помощью логистической регрессии изучалась связь между биомаркерами и демографическими факторами, такими как социально-экономический статус (СЭС) и расовая/этническая принадлежность, с заболеваниями пародонта, а затем выяснялось, может ли сила этих связей быть обусловлена ассоциациями между демографическими переменными и физиологическими показателями системного здоровья.

Они пришли к выводу, что риск развития заболеваний пародонта выше среди темнокожих и/или лиц с низким уровнем дохода; однако эти ассоциации, по-видимому, частично объясняются большей вероятностью повышенного уровня CRP, CMV или

HbA1c в этих группах.

Salminen A, Gursoy UK, Paju S, Hyvarinen K, Mantyla P, Buhlin K (2014)[30] исследовали связь отдельных биомаркеров слюны с параметрами пародонта и подтвердили использование нового подхода к диагностике слюны - кумулятивного балла риска (CRS) - для выявления пародонтита у лиц с ангиографически подтвержденным диагнозом ишемической болезни сердца. Они пришли к выводу, что концентрация в слюне ММП-8, IL-ie и P. gingivalis ассоциируется с различными клиническими и рентгенографическими показателями пародонтита. Индекс CRS, объединяющий три слюнных биомаркера, ассоциируется с пародонтитом сильнее, чем любой из маркеров в отдельности, независимо от статуса ишемической болезни сердца у пациентов.

Kinney JS, Morelli T, Oh M, Braun TM, Ramseier CA, Sugai JV, Giannobile WV (2014)[62] провели исследование с целью оценки способности панели биомаркеров десневой щелевой жидкости (GCF) служить предикторами прогрессирования заболеваний пародонта (ПЗП). Сбор GCF, клинических параметров и слюны проводился раз в два месяца. Поддесневой налет и сыворотка крови собирались два раза в год. Авторы пришли к выводу, что совокупность биомаркеров, полученных из GCF-жидкости, в сочетании с патогенными микроорганизмами и клиническими показателями обеспечивает чувствительную меру для дискриминации ППР.

Ozturk VO, Emingil G, Osterwalder V, Bostanci N (2014)[96] провели исследование с целью детального изучения локальной и системной роли этой молекулы при различных формах пародонтита. Для оценки локализации и экспрессии мРНК L-пластина использовались иммуногистохимия и количественная ПЦР в реальном времени соответственно. Уровень L-пластина в десневой щелевой жидкости, слюне и сыворотке крови определяли с помощью ИФА.

Они пришли к выводу, что повышенная экспрессия L-пластина в тканях десны и в десневой щелевой жидкости при обеих формах пародонтита может свидетельствовать о локализованном участии этой новой молекулы в патогенезе заболевания.

Esra B, Aslan KM, Pinar Y, Ahmet A, Sara AO, Erdem K, et al (2014)[7] исследовали взаимосвязь между общим оксидантным статусом (TOS) и уровнем лиганда рецептора ядерного фактора-kB (RANKL) и остеопротегерина (OPG), а также соотношение RANKL/OPG в сыворотке крови и десневой щелевой жидкости (GCF) у пациентов с хроническим (CP) и генерализованным агрессивным (GAgP) пародонтитом. Сделан вывод о системном и локальном повышении показателей TOS, RANKL и RANKL/OPG при пародонтите, причем это повышение более выражено при АГП, чем при ХП. Полученные данные позволяют предположить, что окислительный стресс тесно связан с тяжестью пародонтита и биомаркерами костной резорбции.

Ebersole JL, Nagarajan R, Akers D, Miller CS (2015)[24] провели исследование, посвященное диагностике здоровья и заболевания пародонта по слюне, основываясь на обилии слюнных аналитов, совпадающих с заболеванием, и значительном прогрессе, уже достигнутом в идентификации дискриминационных слюнных биомаркеров пародонтита. Они пришли к выводу, что слюнные концентрации IL-1B, IL-6, MMP-8, MIP-1a по отдельности и в комбинации способны отличить здоровье от гингивита и пародонтита.

De Lima CL, Acevedo AC, Grisi DC, Taba M Jr, Guerra E, De Luca Canto G (2016)[21] провели исследование с целью систематической оценки точности слюнных биомаркеров хозяина в диагностике заболеваний пародонта на основе приведенных данных о чувствительности и специфичности. Был проведен детальный поиск в пяти базах данных без ограничений по возрасту, хронологии и языку.

Они пришли к выводу, что растущее значение слюнных биомаркеров может служить руководством для проведения более крупных, хорошо контролируемых исследований диагностической точности. Аналогичным образом, хотя и не окончательно, MIP-1a, IL-1b и IL-6 могут быть перспективными биомаркерами для будущих исследований. **Isaza-Guzman DM, Medina-Piedrahita VM, Gutierrez-Henao C, Tobon- Arroyave SI (2017)**[49] провели исследование с целью сравнения уровней в слюне нодоподобного рецептора семейства пириновых доменов, содержащего белок 3 (NLRP3), апоптоз-ассоциированного спек-подобного белка, содержащего домен рекрутирования каспазы (ASC), цистеин-аспартазы-1 (каспазы-1) и интерлейкина-1 бета (IL-ie) у лиц с агрессивным (АГП) или хроническим пародонтитом (ХП) и здоровых людей (ЗК), а также выяснить их связь с клиническим состоянием пародонта. Сделан вывод о том, что концентрация каспазы-1 в образцах слюны делает ее определение бесполезным для выявления заболеваний пародонта и/или их тяжести, уровни NLRP3, ASC и IL-ie в слюне могут служить сильными/независимыми индикаторами объема и степени разрушения пародонта при ХП и АГП и потенциально могут быть использованы для профилактики и терапии этой группы заболеваний.

Delange N, Lindsay S, Lemus H, Finlayson TL, Kelley ST, Gottlieb RA (2018)[22] провели исследование, в котором сравнивали уровни интерлейкина (IL)-6 и С-реактивного белка (CRP) в зависимости от степени тяжести состояния пародонта у молодых людей в возрасте от 21 до 43 лет. Они пришли к выводу, что умеренные заболевания пародонта по сравнению с отсутствием или легкой степенью заболевания пародонта ассоциируются с повышением уровня IL-6. Высокий уровень CRP, обнаруженный в этой популяции, требует дальнейших исследований.

Wei L, Liu M, and Xiong H (2019)[138] провели исследование, посвященное изучению наличия, регуляции и функции CLP при БП. Они пришли к выводу, что CLP, в частности, является эффективным биомаркером для мониторинга активности заболевания и результатов пародонтологического лечения.

Sukrit KC, Wang XZ и Gallagher JE (2019)[56] провели исследование с целью систематической оценки диагностической ценности слюнных биомаркеров, полученных от хозяина, на основе их заявленной чувствительности и специфичности по отношению к клиническим параметрам диагностики заболеваний пародонта у взрослых. Для оценки методологического качества всех включенных исследований использовался пересмотренный инструмент Quality Assessment of Diagnostic Accuracy Studies (QUADAS- 2). В результате был сделан вывод о том, что некоторые биомаркеры слюны могут быть потенциально полезны в комбинации и по отдельности для диагностики заболеваний пародонта. Однако для валидации этих биомаркеров необходимы дальнейшие методически обоснованные исследования.

Nisha KJ, Presanthila, Janam, Harsha K (2019)[89] провели исследование по профилированию слюнных миРНК и выявлению наиболее подходящего слюнного биомаркера миРНК при хроническом пародонтите. Они пришли к выводу, что применение NGS для профилирования экспрессии миРНК может рассматриваться как ценный инструмент для выявления новых биомаркеров в диагностике пародонтита. Кроме того, результаты исследования указывают на потенциальную полезность miR143-3p в качестве нового слюнного биомаркера хронического пародонтита.

Tasdemir I, Yilmaz HE, Narin F, Saglam M (2020)[131] провели исследование по оценке уровня suPAR и галектина-1 в слюне и десневой щелевой жидкости (GCF) при различных состояниях здоровья пародонта и взаимосвязи между этими молекулами и TNF-a для понимания роли этих молекул в процессе воспаления пародонта. В результате был сделан вывод о том, что повышенный уровень suPAR в GCF, галектина-1 и suPAR в слюне при заболеваниях пародонта позволяет предположить, что эти молекулы могут играть определенную роль в воспалении пародонта. suPAR и галектин-1 могут рассматриваться как потенциальные биомаркеры при заболеваниях пародонта.

ГЛАВА 1

Хотя термин **"биомаркер"** появился сравнительно недавно, биомаркеры используются в доклинических исследованиях и клинической диагностике уже достаточно давно.

Идея использования биомаркеров для выявления заболеваний и улучшения лечения уходит корнями в самые истоки медицины. Практика уроскопии - исследования мочи пациента на наличие признаков заболевания - возникла еще в XIVth веке или раньше, когда врачи регулярно проверяли цвет и осадок мочи пациента.

- **Филадельфийская хромосома**: В **1960 г.** исследователи обнаружили, что у некоторых пациентов с хроническим миелогенным лейкозом (ХМЛ) - формой лейкоза взрослых, при которой происходит пролиферация миелоидных клеток в костном мозге, - имеется специфическое генетическое изменение, связанное с их раком, - укороченная версия хромосомы 22.

Эта аномалия, известная как филадельфийская хромосома, возникает в результате транслокации между хромосомами 9 и 22. Следствием такой генетической перестановки является появление "онкогена" BCR-ABL, который вырабатывает белок с повышенной тирозинкиназной активностью, вызывающий развитие лейкоза. Исследователи смогли использовать филадельфийскую хромосому в качестве биомаркера, позволяющего определить, каким пациентам будут полезны лекарственные препараты (ингибиторы тирозинкиназы), направленные именно на этот белок-изгой. В итоге был создан препарат иматиниб (Gleevec), который снижает пролиферацию клеток с филадельфийской хромосомой и замедляет прогрессирование заболевания.

- **Ген и рецептор HER-2**: Вероятно, самым известным биомаркером в новейшей истории разработки лекарственных средств является ген и рецептор HER-2, открытый в середине **1980-х годов**. У 20-30% больных раком молочной железы наблюдается избыточная экспрессия рецептора HER-2 на раковых клетках. Хотя этот биомаркер указывает на повышенный риск неблагоприятных исходов, он также дал клиницистам новую мишень для новых методов лечения.

- **Вирусная нагрузка при ВИЧ-инфекции**: В конце **1980-х годов** ученые обнаружили, что вирусная нагрузка при ВИЧ-инфекции может использоваться в качестве маркера прогрессирования заболевания, а впоследствии - в качестве показателя эффективности антиретровирусной терапии. В конечном итоге биомаркер вирусной нагрузки был использован при разработке и оценке схем **высокоактивной антиретровирусной терапии (ВААРТ)**, включающих комбинацию нескольких препаратов, которыми сегодня пользуются многие люди, живущие с ВИЧ.[115]

ПРИ ЗАБОЛЕВАНИЯХ ПАРОДОНТА

- **Акопов и Канканян (1996)** Оксид азота - свободный радикал с антимикробной активностью, который, как было показано, вырабатывается в ответ на воздействие патогенных **микроорганизмов** пародонта.

- **Kaufman и Lamster (2000)** в слюне содержатся локальные и системные маркеры заболеваний пародонта.[55]

- **Loos и Tjoa (2005)** сообщили, что к настоящему времени в трех крупных категориях[75] исследовано не менее 90 различных компонентов:

1. Ферменты-хозяева и их ингибиторы.
2. Продукты тканевого распада.

3. Медиаторы воспаления и модификаторы хозяина.

• **Lamster et al. (2003)** Установлено, что уровень в-глюкуронидазы в слюне коррелирует с тяжестью пародонтита, как и уровень IL-ie **Tobon-Arroyave et al. (2008).**

• **Behle etal. (2009)** в комплексном исследовании изучили 19 биомаркеров воспаления у пациентов с хроническим пародонтитом до и после нехирургического, а также хирургического пародонтологического лечения.

• **Marcaccini et al. (2010)**; **Hernandez et al. (2012)**; **Romero et al. (2013)** Протеаза ММП-8 является наиболее изученной протеазой, уровень которой в слюне и ГКФ хорошо коррелирует с тяжестью пародонтита.

• **Ozcaka etal. (2011)** уровень IL-18 был предложен в качестве возможного биомаркера пародонтита

• **Barros et al. (2016)** Более 400 белков, идентифицированных в GCF как источник биомаркеров

• **Gul et al. (2017)** в недавнем исследовании оценили способность новой комбинации биомаркеров предсказывать исход лечения пациентов с хроническим пародонтитом. Сегодня биомаркеры уже вошли в наш язык и медицинский обиход. Исторически сложилось так, что эти обычные биомаркеры стали частью медицинской практики лишь спустя десятилетия.[1] Аналогичным образом, параллельно с технологическим прогрессом были разработаны различные бактерии и их продукты, биомаркеры хозяина, такие как продукты воспаления и иммунитета, ферменты, маркеры резорбции кости и деградации соединительной ткани, а в последнее время - геномные и протеомные биомаркеры для их использования в пародонтологии.[115]

ГЛАВА 2

БИОМАРКЕРЫ

В 1987 году Комитет по биологическим маркерам Национального исследовательского совета определил биологические маркеры как "индикаторы, сигнализирующие о событиях в биологических системах или образцах", которые можно разделить на три категории: маркеры воздействия, воздействия и восприимчивости".

В 1990 г. Маккарти и Шугарт определили биомаркеры как "измерения на молекулярном, биохимическом или клеточном уровне либо в диких популяциях из загрязненной среды обитания, либо в организмах, экспериментально подвергшихся воздействию загрязняющих веществ, которые указывают на то, что организм подвергся воздействию токсичных химических веществ, и на величину ответной реакции организма".[120]

В 1994 году компания Depledge определила биомаркер как "биохимическое, клеточное, физиологическое или поведенческое изменение, которое может быть измерено в тканях или жидкостях организма или на уровне всего организма и которое свидетельствует о воздействии и/или влиянии одного или нескольких химических загрязнителей".[23]

В 1996 г. Ван Гестел и Ван Бруммелен попытались дать новое определение биомаркерам, чтобы однозначно отличить биомаркер от биоиндикатора. "Биомаркер по определению должен использоваться только для описания сублетальных биохимических изменений, возникающих в результате индивидуального воздействия ксенобиотиков".[135]

В 1998 г. Рабочая группа по определению биомаркеров Национального института здоровья США определила биомаркер как "характеристику, которая объективно измеряется и оценивается как показатель нормальных биологических процессов, патогенных процессов или фармакологической реакции на терапевтическое вмешательство".

В 2000 г. Де Лафонтен определил термин "биомаркер" как "биохимическое и/или физиологическое изменение (изменения) в организмах, подвергшихся воздействию загрязняющих веществ, и, таким образом, представляющее собой первоначальную реакцию на возмущение и загрязнение окружающей среды".

В 2000 году Бек и др. описали показатели здоровья и болезни, которые определяют биологическую основу состояния, проявляющегося в виде характерного клинического фенотипа, и являются потенциально более объективными, чем клинические индексы.

Всемирная организация здравоохранения (ВОЗ) определяет биомаркер как любое вещество, структуру или процесс, которые могут быть измерены в организме или его продуктах и влияют или предсказывают частоту исходов или заболеваний.[142]

Национальный институт рака NIH (NCI) в своем словаре онкологических терминов описывает биомаркеры как "биологические молекулы, обнаруженные в крови, других жидкостях организма или тканях, которые являются признаком нормального или аномального процесса, состояния или заболевания".

В 2010 году Mishra A, Verma M. определили биомаркеры как "физические, химические или биологические агенты, доступные в матрицах организма, которые могут быть измерены в жидкости или клетках организма".[86]

ЗАБОЛЕВАНИЯ ПАРОДОНТА

По мнению **Giannobile WV in (1996),** пародонтоз определяется как сложное, многофакторное заболевание, характеризующееся потерей соединительнотканного прикрепления с разрушением тканей пародонта. Целью пародонтологической терапии является устранение воспалительного процесса, предотвращение прогрессирования заболеваний пародонта, а также регенерация утраченных тканей пародонта.[41]

По мнению **Marsh PD in (2006),** заболевания пародонта представляют собой сложное инфекционное заболевание, возникающее в результате взаимодействия бактериальной инфекции и реакции хозяина на бактериальный вызов, при этом заболевание модифицируется под воздействием окружающей среды, приобретенных факторов риска и генетической восприимчивости.[79]

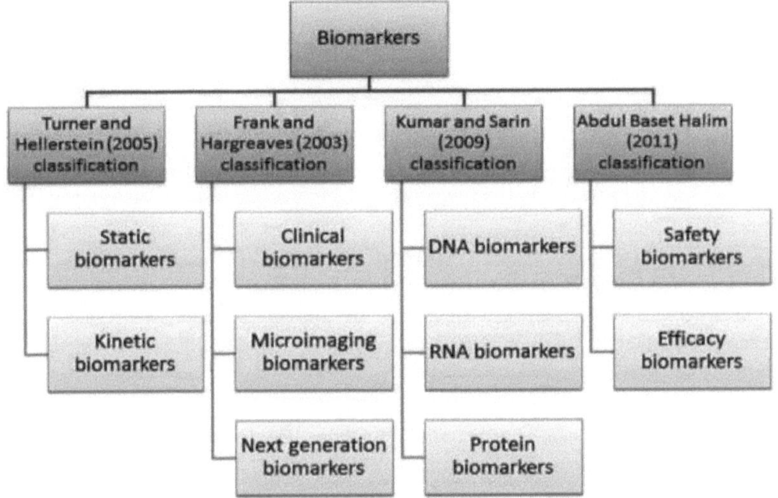

Рисунок 1. *Классификация биомаркеров.*[133]

Frank и Hargreaves (2003) подразделяют биомаркеры на три типа:

Тип 0: Биомаркеры являются показателями естественной истории болезни и коррелируют с клиническими исходами.

Тип I: Биомаркеры обычно определяют биологический эффект терапевтического вмешательства; и

Тип II: Биомаркеры являются эквивалентом "суррогатных" маркеров, о которых говорилось ранее.[31]

Классификации следует рассматривать контекстуально, поскольку идентификация биомаркеров рака является одной из основных междисциплинарных областей биомедицины. Схема классификации биомаркеров представлена на рис. 2.

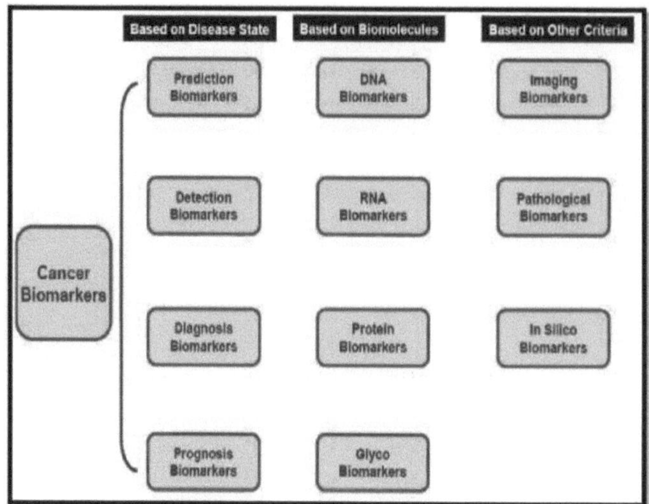

Рисунок 2. *Классификация биомаркеров рака. (Воспроизведено из Mishra и*

Verma)[86]

В ЗАВИСИМОСТИ ОТ СОСТОЯНИЯ ЗАБОЛЕВАНИЯ

Прогностический биомаркер: Прогностические биомаркеры, иногда называемые маркерами ответа, используются исключительно для оценки эффекта от введения конкретного препарата

Диагностический биомаркер: Диагностические маркеры могут присутствовать на любой стадии развития рака. Кальцитонин при медуллярном раке щитовидной железы (МРЩЖ) является примером диагностического маркера, присутствующего на ранних стадиях рака.

Прогностический биомаркер: Прогностические биомаркеры основаны на отличительных признаках между доброкачественными и злокачественными опухолями. Выбор этих биомаркеров может также основываться на статусе дифференцировки опухолей, что может повлиять на принятие клиницистами решений, связанных с методами лечения.

НА ОСНОВЕ БИОМОЛЕКУЛ

ДНК-биомаркер: Однонуклеотидные полиморфизмы (SNP) во многих генах являются основными ДНК-маркерами, в том числе XRCC1, ATM, p53 (рак легкого, головы и шеи); CYP1A1, RAD1, BRCA1 и BRCA2 (рак молочной железы); PGS2 (рак легкого).

РНК-биомаркер: К числу методов, используемых для выявления биомаркеров рака на уровне экспрессии РНК, относятся количественная полимеразная цепная реакция с обратной транскрипцией (RT-qPCR), последовательный анализ экспрессии генов (SAGE), дифференциальный дисплей, методы на основе бусин, анализ микрофлюидных карт и микрочипов.

Белковые биомаркеры: Поскольку белки являются основными биомолекулами-исполнителями в клетках, маркеры на основе белков являются более важными биомаркерами, чем маркеры на основе ДНК или РНК.

Глико-биомаркеры: В процессе прогрессирования некоторых видов рака изменяется экспрессия определенных N- и O-связанных гликанов. Эти измененные гликоформы могут служить биомаркерами-кандидатами для выявления рака.

НА ОСНОВЕ ДРУГИХ КРИТЕРИЕВ

Биомаркеры визуализации: Физикальные обследования и неинвазивные технологии не всегда достаточны для раннего выявления рака. Современные методы визуализации, такие как рентгенография, компьютерная томография (КТ), ультразвуковое исследование, радионуклидная визуализация и магнитно-резонансная томография (МРТ), широко используются для скрининга и диагностики рака, включая стадирование заболевания, а также для определения эффективности терапии рака и мониторинга рецидивов заболевания.

Патогенные маркеры рака: Вирусные и бактериальные биомаркеры.[8]

Один биомаркер не сможет предсказать активность и тяжесть заболевания пародонта. Поэтому для прогнозирования активности заболевания используются комбинации биомаркеров (табл. 1).[115]

Таблица 1: *Классификация биомаркеров.*[115]

Протеомные биомаркеры	Генетические биомаркеры	Микробные биомаркеры	Другие биомаркеры
Цистатины, аглюкозидаза,	Катепсин	*Aggregatibacter*	Кальций,
Кислая фосфатаза,	C gene	*actinomycetemcomitans,*	Кортизол,
Алкалинфосфатаза, аминопептидаза,	Мутация,	*Campylobacter rectus,*	Гидрогенсульфид,
Лактоферрин, транслактоферрин, IgM, MMP-13,	Ген коллагена	*Микоплазмы,*	Метилмеркаптан,
MMP-8, MMP-9, катепсин B, остеонектин,	мутация,	*Porphyromonos gingivalis,*	Пиридин,
Остеокальцин, остеопонтин, тромбоцитарная эластаза	IL-1	*Prevotella intermedia,*	
активирующий фактор, эпидермальный фактор роста,	полиморфизмы,	*Peptostreptococcus*	
Тромбоцитарный фактор роста, Эстераза,	IL-10	*Micros,*	
Пиридинолин, сшитый карбокси -терминалом телопептид,	полиморфизмы,	*Prevotella nigrescens,*	
	Опухолевый некроз	*Treponema denticola,*	
Фибронектин, sIgA (секреторный IgA) Желатиназа,	фактор,	*Tannerella|orsythia.*	
IgA, трипсин, фактор роста эндотелия сосудов, IgG	Полиморфизмы,	*Treponema socransky,*	

Таблица 2: *Классификация биомаркеров активности заболеваний пародонта.*[136]

Маркеры микробной активности	Бактериальный ЛПС N-бензоил аргинин 2-Нафтиламид (BANA)
Маркеры воспаления и	Простагландины

Иммунные реакции	PG E2 Цитокины E.g IL-1 a, IL-ie, TNF-a
Ферменты, высвобождаемые из мертвых тел ячейка	Аспартат-аминотрансфераза Лактатдегидрогеназа Гликозаминогликаны
Маркеры соединительной ткани пробой	Фибронектин Матриксные металлопротеиназы (ММП) Например, ММР-8 Остеонектин
Продукты резорбции костной ткани	Пиридинолин, сшитый карбокси терминальные телопептиды типа 1 коллаген (МКТП)
Генетические маркеры	Полиморфизм FCγR Полиморфизм IL-1 HLA-полиморфизм

Основными биологическими средами, в которых проводился поиск биомаркеров, являлись слюна, сыворотка крови, поддесневой налет, биопсия тканей и десневая жидкость

К основным источникам биомаркеров относятся [Рисунок 3]:

• Поддесневые бактерии и продукты их жизнедеятельности

• Продукты воспаления и иммунитета хозяина

• Протеолитические и гидролитические ферменты, высвобождаемые из воспалительных клеток

• Ферменты, высвобождаемые из мертвых клеток

• Продукты деградации соединительной ткани.[28]

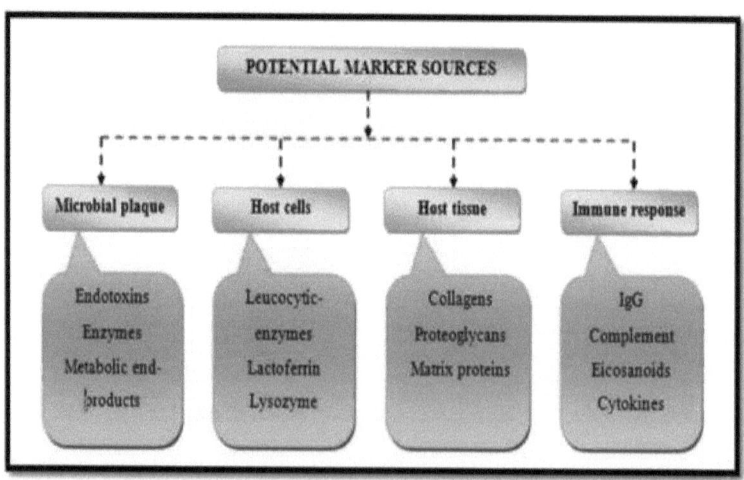

Рисунок 3. *Потенциальные источники маркеров.*[145]

Слюна как диагностическая жидкость при заболеваниях пародонта

Секреция основных слюнных желез (околоушной, подчелюстной и подъязычной), содержащая большое количество белков и пептидов, отвечает за поддержание целостности полости рта. Кроме того, благодаря своей роли в образовании биопленки в полости рта и защите хозяина, секретируемая слюна может играть важную роль в возникновении и прогрессировании заболеваний пародонта. Слюна (ротовая жидкость) - это зеркало организма. Ее можно использовать для мониторинга общего состояния здоровья и начала развития конкретных заболеваний.

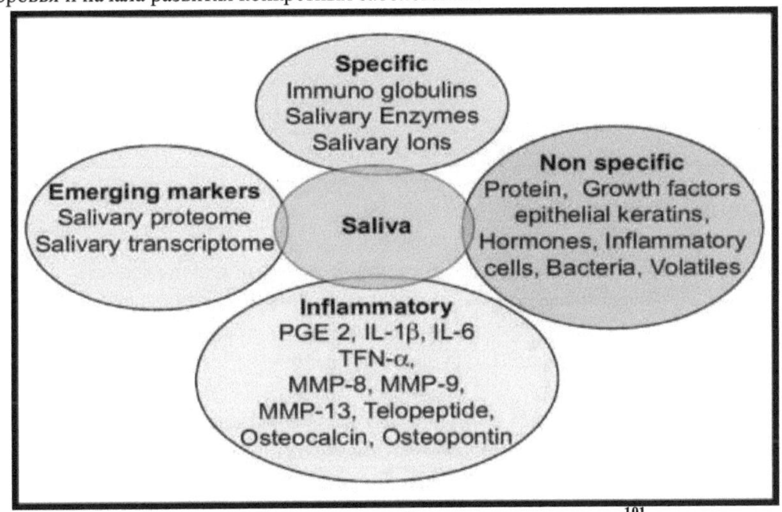

Рисунок 4. *Биомаркеры, обнаруженные в слюне.* [101]

<u>Возможные слюнные биомаркеры заболеваний пародонта</u>

В секрете слюнных желез содержатся белки местного происхождения, а также другие молекулы, поступающие из системной циркуляции. В цельной слюне также присутствует различное количество крови, сыворотки, продуктов сыворотки, десневой щелевой жидкости (ДЩЖ), электролитов, эпителиальных и иммунных клеток, микроорганизмов, продуктов жизнедеятельности бактерий и других инородных веществ [рис. 4].

Именно такая богатая смесь веществ делает слюну вероятным источником для выявления уникальных биомаркеров, отражающих изменения состояния полости рта и системного здоровья. [83]

Слюна является легкодоступным и неинвазивным методом сбора. К компонентам слюны, которые изучались в качестве потенциальных диагностических биомаркеров заболеваний пародонта, в основном относятся белки хозяйского происхождения (т.е. ферменты и иммуноглобулины), фенотипические маркеры, клетки хозяина, гормоны, бактерии и бактериальные продукты, ионы и летучие соединения [59] [табл. 3].

Таблица 3: *Демонстрация биомаркеров в слюне.* [124]

Маркеры воспаления мягких тканей пародонта	Маркеры потери альвеолярной кости	Продукты распада коллагена
Простагландин Е2	Щелочная фосфатаза	Аспартат-аминотрансфераза
β-глюкуронидаза	Остеопротегерин	Аланиновая

		аминотрансфераза
IL-iβ	Остеокальцин	TIMPs
IL-6	Телопептидаза коллагена	MMPs
Фактор некроза опухоли-а	Пиридинолиновые сшивки коллагена I типа	ft2-макроглобулин
Матриксные металлопротеиназы (ММР-8,9 и 13)	RANKL	
	Остеонектин	

<u>Преимущества слюны по сравнению с GCF:</u>

- Менее чувствительны к технике, чем GCF
- GCF, оценивающая анализ биомаркеров, как чрезмерные затраты времени
- Недорогой, неинвазивный и простой в использовании метод скрининга
- Преимущества с точки зрения сбора, хранения, транспортировки и отбора объемных проб - все эти процессы могут быть осуществлены весьма экономично.

<u>Методы сбора слюны:</u>

- Нестимулированная цельная слюна обычно собирается методом "слива
- Стимулированная цельная слюна обычно получается при жевательном воздействии (например, при жевании парафина) или при вкусовой стимуляции (например, при использовании капель лимонной кислоты или кислого леденца на языке) и отхаркивается в трубку.[132]

GCF как диагностический маркер

GCF - это воспалительный экссудат из микроциркуляции десны, который пересекает воспаленные ткани пародонта и по пути собирает молекулы, представляющие потенциальный интерес в результате местной воспалительной реакции. Компоненты этой жидкости поступают из различных источников. GCF содержит вещества, поступающие от хозяина, а также от микроорганизмов, находящихся в поддесневом и наддесневом зубном налете. К компонентам, поступающим из организма, относятся молекулы крови, а также клетки и ткани пародонта. К последним относятся сосудистая сеть, эпителий, неминерализованная и минерализованная соединительная ткань, а также воспалительные и иммунные клетки, проникшие в ткани пародонта.

Клеточные компоненты GCF на 70-80% состоят из гранулоцитов, на 10-20% - из моноцитов/макрофагов, на 5% - из тучных клеток и на 5% - из Т-лимфоцитов. Сбор и анализ образцов GCF является неинвазивным средством оценки патофизиологического состояния пародонта в зависимости от конкретного участка. GCF можно легко собрать с помощью бумажных полосок, абсорбентов и микропипеток из десневых щелей зубов.[59]

Таблица 4. *Биомаркеры в десневой щелевой жидкости.*[124]

Препараты для лечения воспалительных и иммунных заболеваний	Бактериальные протеазы	Ферменты, полученные от хозяина	Продукты тканевого распада	Костно-специфические белки
Простагландин Е2 (ПГЕ2)	Щелочная фосфатаза	Щелочная фосфатаза	Гликозаминовый огликан	Пиндиниурр кроссл нк мочи пиридинолина
Цитокины	Aminopepti dases	p-Глукуронт даза	Гиалуроновая	Фрагмент пептида

			кислота	коллагена с пиридиниевой поперечной связью
Антибактериальные антитела	Хондроитинсульфатаза	Эластаза	Хондроитин - 4-suHate	Тартратрезистентная кислая фосфатаза
Белки острой фазы	Коллагеназа	Катепсины	Хондрортин - 6-сульфат	тидроксипро ин
Дополнение	Фибринолизин	Сериновый протеаз (G)	Дерматан сульфат	Галактозилгидрокси-лизин
Вазоактивный кишечник	Глюкозидазы	Неспецифический нейтральный	Гидроксип ролин	Г икозаминог тиканы
Пептид		протеиназы		
Нейрокинин а	Гемолизин	Матриксная металлопротеиназа-1,3,8.,1 3	Фрагменты фибронектина	Остеонект г и костный фосфопротеин
Неоптерин	Гиалуронидаза	Аспартат-аминотрансфераза	Белки соединительной ткани и костной ткани	остеокальцин
Тромбоцитарно-активирующий фактор	Фосфолипаза	Myeloperoxi dases	Пептиды коллагена 1-го типа	
	Гидроксипролин	Лактатдегидроге-наза	Полипептидный фактор роста	

По данным **Armitage (2004),** более 65 компонентов ГКФ были оценены как потенциальные диагностические маркеры прогрессирования заболеваний пародонта. Эти маркеры можно разделить на три группы: ферменты и их ингибиторы, медиаторы воспаления и модификаторы реакции хозяина, а также побочные продукты распада тканей, как показано в табл. 4.

GCF содержит повышенный уровень огромного количества биохимических факторов, которые позволяют правильно диагностировать активность заболевания. Будущий метод анализа GCF представлен на сайте[5] [рис. 5].

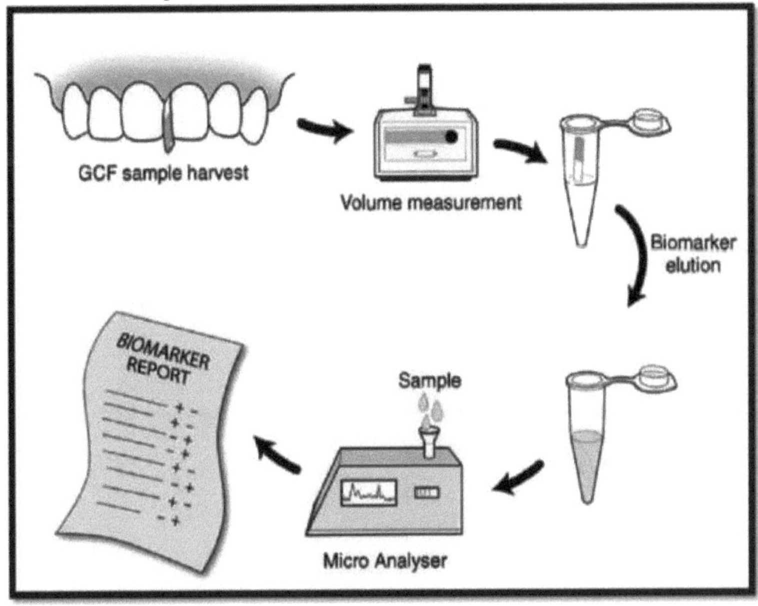

Рисунок 5: *Футуристический диагностический тест на кресле, основанный на отборе проб GCF. Рассматривая жидкость GCF как потенциальный аналит для скрининга множества биомаркеров, клиницисты могли бы использовать для оценки рисков и принятия решений о планировании лечения экспресс-диагностический прибор (на рисунке представленный в виде микроанализатора) или "мини-лабораторию". Преимущества такого инструмента заключаются в повышении предсказуемости клинических исходов и информированности пациентов о необходимости индивидуального лечения. Как показано на рисунке, можно использовать простую клиническую процедуру забора GCF с последующим извлечением аналитов из тест-полоски. Жидкость, содержащаяся на тест-полоске, подвергается объемному количественному определению. После процедуры элюирования для "промывки" и извлечения соединений из жидкости образец подвергается анализу. Немедленное составление комплексного отчета о рисках и скрининг биомаркеров позволят принимать решения на основе фактических данных.[60]*

Поддесневой налет

Множество исследований посвящено изучению роли зубного налета как возможной среды для выявления возбудителей периодонтита, что является важным аспектом в диагностике и лечении заболеваний пародонта [табл. 5]. Значительное развитие получили методы выявления пародонтопатогенов в образцах зубного налета.[127]

Таблица 5: *Биомаркеры, присутствующие в зубной биопленке.[124]*

Markers present in dental biofilm		
Specific	Non-specific	Systemic
Immunoglobulins (IgA, IgG and IgM)	Mucins	C-Reactive Protein
	Lysozyme	
	Lactoferrin	
	Histatin	
	Peroxidase	

ГЛАВА 3

Биомаркеры заболеваний при наследовании занимают важное место в науках о жизни и начинают играть все большую роль в диагностике, мониторинге результатов терапии и поиске лекарств.

Задача биомаркеров состоит в том, чтобы обеспечить более раннее выявление эволюции заболевания и более надежную оценку эффективности терапии. Достижения в области диагностики заболеваний полости рта и пародонта ведут к разработке методов, позволяющих выявлять и количественно оценивать риск развития пародонтита с помощью объективных показателей, таких как биомаркеры (табл. 6).[127]

Таблица 6: *Диагностические инструменты для измерения заболеваний пародонта на молекулярном, клеточном, тканевом и клиническом уровнях.*[127]

Уровень	Пример процесса	Пример диагностических средств
Молекулярная	Активация рецепторов к эндотоксину: CD-14; Toll-подобные рецепторы	Полимеразная цепная реакция; гибридизация ДНК; микродиссекция с лазерной захваткой
Сотовая связь	Активация воспалительных клеток, таких как нейтрофилы; активация остеокластов	ИФА; иммуногистохимия
Ткани	Опущение функционального эпителия; кость и потеря соединительной ткани	Гистоморфометрия; иммуногистохимия
Клиническая	Потеря привязанности Потеря костной массы	Пародонтологическое зондирование Рентгенограммы

Для того чтобы биомаркеры заняли достойное место в рутинной практике, необходимо более полное понимание их связи с механизмом прогрессирования заболевания и терапевтическим вмешательством (табл. 7).

Таблица 7: *Предикторы заболеваний пародонта.*[127]

Срок	Определение
Риск маркер	Атрибут или событие, которое ассоциируется с увеличением вероятность заболевания, но не обязательно является причинным фактором
Риск индикатор	Событие, которое ассоциируется с исходом только в перекрестных исследованиях
Фактор риска	Действие или событие, которое статистически определенным образом связано с результатом и действительно является причинно-следственным.
Риск определитель	Атрибут или событие, повышающее вероятность возникновения заболевания
Биомаркер	Вещество, которое объективно измеряется и оценивается как показатель нормальных биологических процессов, патогенных процессов или фармакологических реакций на терапевтическое вмешательство.

Роль биомаркеров ротовой жидкости в диагностике пародонтита

Слюна и GCF - легко собираемые жидкости, содержащие местные и системные маркеры заболеваний пародонта, могут стать основой для оценки биомаркеров пародонтита и других системных заболеваний у конкретного пациента. Благодаря неинвазивности и простоте сбора анализ слюны и GCF может быть особенно полезен для определения текущего состояния пародонта и мониторинга ответа на лечение.[95] Многие исследования показали, что определение уровня медиаторов воспаления в биологических жидкостях является хорошим индикатором активности воспаления. Поэтому в исследованиях, связанных с патогенезом заболеваний пародонта, обычно изучается вопрос о том, могут ли биохимические и иммунологические маркеры в слюне или GCF отражать степень деструкции пародонта и, возможно, предсказывать развитие заболевания в будущем.

Биомаркеры ротовой жидкости, изученные для диагностики пародонтита, включают белки хозяйского происхождения (ферменты и иммуноглобулины), фенотипические маркеры, клетки хозяина, гормоны, бактерии и бактериальные продукты, ионы и летучие соединения.

Другие виды использования

• Ряд исследователей при изучении пародонтита уделяли внимание генетическим однонуклеотидным полиморфизмам.

• **(Lei et al 2009)** исследовали возможность использования геномики для разработки слюнных диагностикумов. Они провели микрочиповое исследование бесклеточной слюны для профилирования РНК. РНК выделяли из нестимулированной слюны, полученной от здоровых людей.

• Исследователи в области биотехнологий и медицины в настоящее время изучают возможности использования ротовой жидкости для диагностики заболеваний полости рта и системных заболеваний, а также для разработки лекарственных препаратов. В фармацевтической промышленности активно разрабатываются биомаркеры для использования в индивидуальном дозировании и исследованиях метаболизма лекарственных средств.

• В настоящее время изучается возможность использования GCF и слюны для предварительного скрининга на воздействие биологических/химических боевых агентов, обнаружения токсинов в окружающей среде и скрининга на метаболиты наркотиков, вызывающих злоупотребление.[127]

Потребность в потенциальных биомаркерах активности заболеваний пародонта

Несмотря на расширение доказательной базы по заболеваниям пародонта, мы продолжаем ставить диагноз и классифицировать пациента в основном с помощью традиционных клинических оценок. Диагностика заболеваний пародонта включает в себя несколько узлов или уровней принятия решений для врача.

• На самом простом уровне необходимо диагностировать здоровье и заболевание пародонта.

• На следующем уровне мы должны уметь дифференцировать гингивит от пародонтита.

• Далее необходимо уметь классифицировать различные типы и степени тяжести гингивита и пародонтита.

• Наконец, перед каждым из нас встает вопрос о том, является ли пародонтит пациента активным или находится в стадии ремиссии.

Задача постановки диагноза на каждом из этих уровней может оказаться трудновыполнимой для тех, кто использует традиционные методы. Данные исследований свидетельствуют о том, что традиционные критерии, такие как отек десны, покраснение, кровоточивость и экссудат при наличии налета, обладают достаточной специфичностью (71%-97%), но низкой чувствительностью (3%-42%) при диагностике участков или пациентов с активным прогрессированием заболевания.[45]

Бактериальный налет играет основную роль в возникновении и прогрессировании заболеваний пародонта, однако состав поддесневой флоры сложен и может варьировать от пациента к пациенту и от участка к участку. Несмотря на эти различия и сложные взаимодействия, существующие между бактериями и хозяином, был предложен ряд возможных патогенов на основании их связи с развитием заболевания, патогенности для животных и наличия у них факторов вирулентности, способных повреждать ткани.[121]

Из поддесневого зубного налета было выделено более 600 видов бактерий, и лишь небольшое их количество оказалось способным играть причинную роль в патогенезе заболеваний пародонта (табл. 8).[136]

Таблица 8: *Основные бактерии, ассоциированные с заболеваниями пародонта.*[121]

Porphyromonas gingivalis (P. gingivalis)	Pevotellaintermedia (P. intermedia)
Bacteroides forsythus (B. forsythus)	Aggregatibacter actinomycetemcomitans (Aa)
Capnocytophaga ochracea (C. ochracea)	Ekinella corrodens (E. corrodens)
Campylobacter rectus (C. rectus) Treponema denticola (T. denticola)	Fusobacterium nucleatum (F. nucleatum)

В каждом конкретном случае трудно выбрать конкретный вид бактерий для анализа в качестве маркера. С помощью диагностической тест-системы невозможно исследовать все участки полости рта, поэтому необходимо предварительно выбрать участок (участки) для тестирования. Обычно это означает тестирование участков, на которых уже имеются клинические признаки предыдущей потери прикрепления. Хотя вероятность прогрессирования пародонтита на этих участках несколько выше, чем на других, картина прогрессирования пародонтита очень неравномерна и непредсказуема. Это может затруднить выбор участков.[28]

Анализ микроорганизмов в пародонтологии направлен на:

• Дискриминировать различные микробные типы пародонтальных инфекций;

• Отбор пациентов, которым, вероятно, будет полезна дополнительная системная антимикробная терапия;

• Помощь в выборе наиболее подходящей антибиотикотерапии в соответствии с составом поддесневой микрофлоры;

• Способствовать минимизации избыточного использования сильнодействующих антимикробных препаратов и возникновения устойчивости к ним;

• Скрининг на горизонтальную и вертикальную передачу пародонтальных патогенов среди членов семьи;

• Помогают определить конечную точку активного пародонтологического лечения и установить интервал отзыва для поддерживающего пародонтологического ухода.[139] Попытки связать микробиологические данные с клиническими проявлениями оказались затруднительными из-за вариабельности и ненадежности клинических методов диагностики. Были разработаны микробиологические тесты для идентификации отдельных пародонтопатогенных микроорганизмов в десневой борозде. Эти тесты дают информацию, которая может помочь врачу определить, может ли антимикробный препарат, и какой именно, обеспечить дополнительный терапевтический эффект для пациентов.

Методы отбора микробиологических проб

Существует два основных метода, с помощью которых можно собрать субгингивальный налет пациента для последующего анализа.

1. Удаление с помощью кюреток

2. Адсорбция на пунктах эндодонтической бумаги

Оба способа требуют тщательного удаления наддесневого налета на участке перед взятием пробы, чтобы не загрязнить и не разбавить поддесневой образец.

Микробиологические исследования образцов зубного налета

* Темнопольная и фазово-контрастная микроскопия
* Методы культивирования бактерий
* Иммунологический анализ
* ДНК-зонды
* Ферментные анализы
* Анализы полимеразной цепной реакции

Темнопольная и фазово-контрастная микроскопия

Основным преимуществом этих методов является возможность подсчета всех бактерий в образце, а основным недостатком - возможность видообразования микроорганизмов или определения их относительной чувствительности к антимикробным препаратам. Однако исследования с использованием этих методов показали, что в здоровой десне имеется скудная поддесневая флора, состоящая из кокков, малоподвижных палочек и спирохет. При пародонтите наблюдается значительное увеличение количества этих морфотипов с особенно большим количеством спирохет.[71]

Техника культуры

Методы культивирования бактерий позволяют выращивать и размножать те бактерии, которые по микробиологическим маркерам подходят для роста на используемой культуральной среде, включающей все необходимые требования для их роста. Они могут использоваться для анализа зрелости микроорганизмов в образце, а отдельные колонии бактерий могут быть определены с помощью различных лабораторных методов, включая селективные субкультуры, биохимические тесты, SDS PAGE, генные зонды, риботипирование, "отпечаток" ДНК и анализ длинных жирных кислот клеточной стенки.[34] Также можно проверить их чувствительность к антимикробным препаратам. Однако не все бактерии можно легко культивировать, и пропорциональное выделение культивируемых видов вряд ли будет соответствовать их соотношению в пародонтальном кармане. Кроме того, использование селективных сред ограничивает количество культивируемых видов.[78]

Иммунологический анализ

Использование высокоспецифичных иммунологических методов, таких как иммунофлуоресценция или ИФА, позволяет обнаружить отдельные виды бактерий.

Они оказались полезными для определения присутствия и относительного соотношения отдельных видов бактерий. В этих методах используются специфические антитела, которые связываются с выбранными бактериальными антигенами и затем обнаруживаются путем мечения первичного антитела непосредственно флуоресцентным маркером (прямая иммунофлуоресценция) или флуоресцирующим вторичным антителом (непрямая иммунофлуоресценция). В ИФА первичное антитело определяется с помощью колориметрической реакции, которая катализируется ферментом, обычно щелочной фосфатазой, связанной с антителом. Эти методы очень специфичны, если использовать контроль для проверки неспецифических реакций. Они могут определять только те виды, к которым имеются подходящие антитела.[28]

ДНК-зонды

В последние годы были разработаны ДНК-зонды для выявления нуклеотидных последовательностей, специфичных для отдельных видов бактерий, имеющих диагностическое значение, в том числе предполагаемых возбудителей заболеваний пародонта (рис. 6).[118] Эти зонды позволяют обнаружить всего 100 клеток в образце. Однако они не могут обеспечить надежное определение

количественные данные и ограничены доступностью зондов. Они абсолютно специфичны

& возможно, что вид может присутствовать в образце в большом количестве и не быть обнаружено, поскольку оно не было специально запрошено.

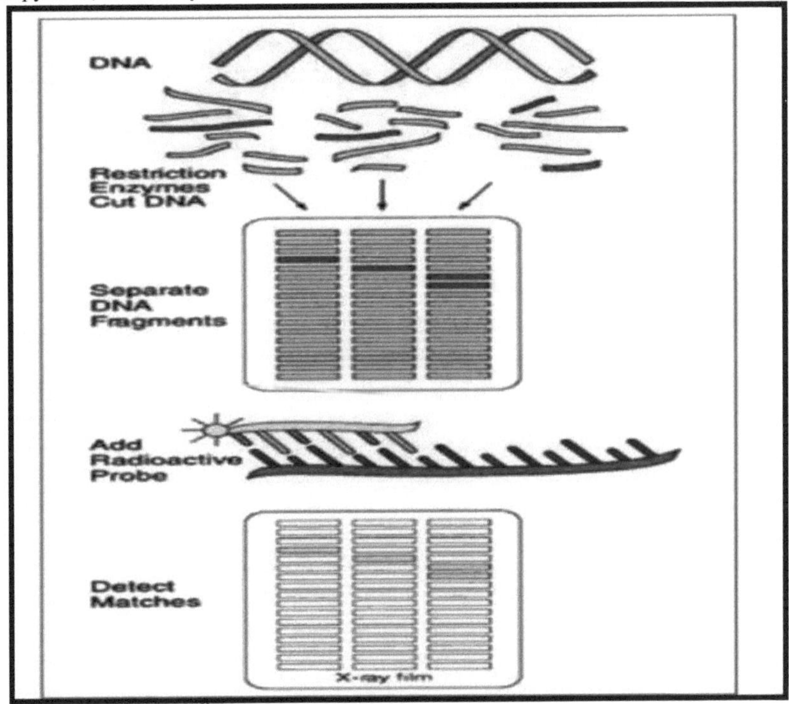

Рисунок 6: *ДНК-зонд.*[60]

Ферментные анализы

Другой подход к выявлению отдельных видов бактерий заключается в поиске фермента, который является уникальным для одного или нескольких соответствующих видов бактерий. Образец бляшки подвергается воздействию субстрата, который может быть гидролизован только специфическим ферментом. Примером такого метода является определение трипсиноподобной протеазы, которая вырабатывается в основном P. gingivalis и в гораздо меньшей степени B. forsythus и T. denticola. Эта протеаза гидролизует субстрат бензил-аргинин-нафтиламид (BANA).[73] Поскольку некоторые из этих видов плохо растут в культурах и составляют значительную часть протеазной активности поддесневой флоры, эти ферментные анализы обеспечивают быстрый и недорогой метод скрининга образцов этих бактерий.

Основными недостатками таких анализов образцов зубного налета являются отсутствие количественных данных и невозможность определить, какая из трех бактерий отвечает за выработку фермента. Однако в большинстве случаев это будет P. gingivalis, поскольку она продуцирует гораздо больше этой протеазы, чем две другие бактерии вместе взятые. Кроме того, система BANA для обнаружения трипсиноподобной протеазы в образце зубного налета не включает ингибиторы протеиназ хозяина, которые могут загрязнять образец зубного налета из слюны и GCF и которые также расщепляют субстрат BANA.

БАКТЕРИАЛЬНЫЕ ПРОДУКТЫ:

❖ Летучие сернистые соединения:

Летучие соединения серы, такие как сероводород (H_2S), метилмеркаптан (CH_3SH), диметилсульфид ($CH_3)_2S$ и диметилдисульфид ($CH_3)_2S_2$, являются токсичными побочными продуктами метаболизма серосодержащих аминокислот грамотрицательными анаэробными бактериями. Было показано, что Porphyromonas gingivalis, Prevotella intermedia, Prevotella melaninogenica, Bacterioides forsythus, Treponema denticola и Fusobacterium nucleatum продуцируют их в процессе метаболизма.

Коммерческий прибор Diamond probe/система Perio 2000 был разработан для сочетания функций пародонтального зонда и определения летучих сернистых соединений в пародонтальном кармане. Уровень летучих сернистых соединений в пародонтальном кармане у пациентов с хроническим пародонтитом выше, чем у здоровых людей.[143] Было показано, что показания сульфидного зонда связаны с клиническими параметрами тяжести заболевания. Клиническая значимость результатов была ограничена тем, что чувствительность зонда была низкой как в низком, так и в высоком диапазонах его шкалы. Для того чтобы этот прибор можно было использовать в клинической практике, необходимо повысить его чувствительность.

❖ Бактериальные протеазы:

Источником бактериальных протеаз для диагностики служат цельная нестимулированная слюна и GCF. В слюне можно обнаружить трипсин-подобную протеазу, уровень которой коррелирует с клиническими показателями тяжести заболевания, а также снижается после пародонтологического лечения. Однако этот фермент не обладает всеми биохимическими свойствами трипсиноподобной протеазы P. gingivalis - гингипаина. Поэтому фермент, обнаруженный в слюне, может быть либо хозяйского происхождения, либо представлять собой смесь ферментов хозяйского и бактериального происхождения. Бактериальные протеазы попадают в карман и могут быть обнаружены в GCF. Разработан селективный биохимический анализ для бактериальных дипептидилпептидаз (DPP) и трипсиноподобных протеаз, который позволяет отличить их от протеаз, полученных из тканей. Трипсин-подобная протеаза, выявляемая с помощью данного анализа, является цистеиновой протеазой и обладает свойствами гингипаина.

Эти ферменты положительно коррелируют с клиническими показателями тяжести заболевания и значительно снижаются после пародонтологического лечения. GCF arggingipain является отличным предиктором, а GCF dipeptidyl peptidase (DPP) - умеренно хорошим предиктором будущей прогрессирующей потери прикрепления.

Тем не менее, некоторые виды бактерий рассматриваются некоторыми специалистами как возможные маркеры заболевания из-за их связи с участками с прогрессирующей потерей прикрепления. Однако следует учитывать, что эти бактерии не всегда присутствуют на всех таких участках и могут присутствовать на стабильных участках.[88]

Воспаление пародонта возникает в тканях десны в ответ на биопленки бактерий зубного налета. Затем в очаге инфекции появляются Т-клетки и В-клетки. После появления в очаге инфекции эти клетки вырабатывают огромное количество цитокинов таких как IL-1b, IL-6, TNF-a, и иммуноглобулинов в качестве антигенспецифического ответа. Первоначально деградация тканей ограничивается эпителиальными клетками и коллагеновыми волокнами соединительной ткани. [127]

Несомненно, бактерии, содержащиеся в зубном налете и поддесневой флоре, являются основной причиной развития хронического пародонтита. Бактерии могут транзиторно проникать в ткани, о чем свидетельствует транзиторная бактериемия, возникающая после травмы десны. Однако эти бактерии очень быстро выводятся из местных тканей и циркуляции благодаря эффективности иммунной и воспалительной реакций. Таким образом, иммунная и воспалительная реакции высокоэффективны в предотвращении инфицирования тканей десны и играют очень эффективную защитную роль при хроническом пародонтите.[35]

GCF широко исследовалась на предмет выделения факторов ответа хозяина. Она включает в себя смесь молекул из крови, тканей хозяина и биопленок бляшки, таких как электролиты, малые молекулы, белки, цитокины, антитела, бактериальные антигены и ферменты. Важной группой нейтральных протеиназ, участвующих в деструктивном процессе при заболеваниях пародонта, являются ферменты, вырабатываемые клетками хозяина, такие как матриксные металлопротеиназы (ММП), которые можно определить в GCF (табл. 9).[127]

Kinane et al. (2003) и **Mantyla et al. (2003)** представили результаты использования экспресс-теста, основанного на иммунологическом выявлении повышенного содержания ММП-8 в ГКФ, для диагностики и мониторинга течения и лечения пародонтита.[3] При пороговом значении активности ММП-8, равном 1 мг/л, тест обеспечил чувствительность 0,83 и специфичность 0,96, продемонстрировав ценность в качестве потенциального инструмента для дифференциации пародонтита от гингивита и здоровых участков, а также для мониторинга лечения пародонтита.[47]

Таблица 9: *Ответ хозяина и медиаторы воспаления.*[60]

Цитокины

Interleukin-1 a

Интерлейкин-1|3 линтерлейкин-1 ра линтерлейкин-2 линтерлейкин-6 линтерлейкин-8 фактор некроза опухоли-а Интерферон а

RANTES (хемоаттрактант и активатор макрофагов и лимфоцитов)

Простагландин Е2 Лейкотриен В4 Белки острой фазы

Лактоферрин

Трансферрин а2-Макроглобулин а1-Ингибитор протеиназы С-реактивный белок Аутоантитела

Антидесмосомные антитела

Антибактериальные антитела

IgG1, IgG2, IgG3, IgG4, IgM и IgA Активатор плазминогена (РА) Ингибитор РА-2 (PAI-2) Вещество Р

Вазоактивный кишечный пептид Фактор активации тромбоцитов CD14

Цистатины

Потенциальные медиаторы иммунитета и воспаления

К веществам, выделяемым воспалительными и иммунными клетками в процессе заболевания, относятся антитела, белки комплемента, медиаторы воспаления и провоспалительные цитокины. К потенциальным медиаторам иммунитета и воспаления, имеющим отношение к патологии пародонта, относятся:

Иммунный ответ

1. Антитела: Общие иммуноглобулины и подгруппы IgG

2. Белки комплемента

Воспалительная реакция

1. Производные арахидоновой кислоты, например, простагландин Е2 (ПГЕ2)

2. Цитокины, например, IL-1,2,4 и 6, TNF-a

Корреляция этих факторов с заболеваниями пародонта

При различных формах пародонтита вырабатываются антитела к антигенам пародонтальных бактерий, которые могут быть обнаружены в сыворотке крови, слюне, тканях десны и GCF.

1.   Взаимосвязь слюнных антител с состоянием пародонта:

Секреторные иммуноглобулины активно выделяются в слюну, причем IgG и IgM попадают в слюну в основном из GCF. Уровни слюнных IgG и IgA и специфических антител были очень низкими у здоровых пациентов, а у больных пародонтитом средней и тяжелой степени отмечается повышение уровня слюнных IgG. Уровень специфических антител IgA к Actinobacillus actinomycetemcomitans повышается в слюне больных рефрактерным пародонтитом.

2.   Взаимосвязь антител GCF с состоянием пародонта:

Взаимосвязь антител GCF с состоянием пародонта изучалась различными способами. К ним относятся

•   Измерение общего количества Ig

•   Измерение относительных количеств субклассов IgG.

•   Измерение титров специфических антител к антигенам различных предполагаемых пародонтальных патогенов.

Однако эти взаимосвязи сложны и трудно интерпретируемы.

3.   Отношение к общему содержанию IgG в ГКФ:

Общее содержание Ig в ГКФ не коррелирует с тяжестью заболевания или его прогрессированием, а при прогрессировании может быть ниже. В одном из отчетов сравнивались подклассы IgG в ГКФ при прогрессирующих и стабильных заболеваниях, и было обнаружено, что концентрация подклассов Ig G1 и G4 значительно выше при прогрессирующих заболеваниях.

4. Взаимосвязь титров специфических антител:

В многочисленных исследованиях титры специфических антител к антигенам предполагаемых патогенов пародонта сопоставлялись со статусом заболевания пародонта.[97] Однако в этих исследованиях не было обнаружено никакой корреляции между ними. Соотношение специфических антител в GCF и в сыворотке крови также является сложным, некоторые из них выше, а некоторые ниже, и они значительно различаются у разных пациентов, на разных участках и при последовательном измерении на одном и том же участке.

Таким образом, специфические антитела или общий Ig в GCF, по-видимому, не могут быть использованы для различения стабильных и прогрессирующих участков. Специфические антитела в десневых тканях и сыворотке крови играют важную роль в модуляции патологии пародонта, но при современном уровне знаний они не позволяют ни выявить пациентов с риском развития активного заболевания, ни предсказать наличие активных участков у конкретных пациентов.

5. Взаимосвязь белков комплемента с состоянием пародонта:

Комплемент представляет собой батарею из девяти родственных белков, которые последовательно соединяются в каскад, опосредованный ферментами. Основные компоненты можно разделить на распознающую единицу C1 в классическом пути, активирующую единицу C4, C2, C3 и мембранную единицу C5 - C9. Каскад комплемента инициируется сочетанием специфического иммуноглобулина и первого компонента комплемента - C1. Альтернативный путь может активироваться и другими факторами, например, эндотоксином, ЛПС из клеточных стенок грамотрицательных бактерий. Конечным продуктом каскада является эстераза, которая повреждает или лизирует клеточные стенки бактерий. Два промежуточных продукта каскада, C3a и C5a, присоединяются к рецепторам на тучных клетках и клетках воспаления. Они высвобождают гистамин и другие вещества из тучных клеток и простагландины из воспалительных клеток. Эти высвобождающиеся медиаторы повышают проницаемость сосудов. Они также являются хемотаксическими для PMNs. C3a также способствует фагоцитозу, присоединяя антиген к фагоциту через C3-рецептор на поверхности PMNs, моноцитов и макрофагов.

Белки комплемента присутствуют в GCF из участков с воспалением. При экспериментальном гингивите также были обнаружены расщепляемые фрагменты C3 и фактор B. Однако ни один из этих факторов не был связан с активностью пародонтита и поэтому не имеет диагностического значения.[102]

6. Взаимосвязь цитокинов с состоянием пародонта

Цитокины лучше всего называть межклеточными мессенджерами или местными гормонами. Все они представляют собой небольшие белки или пептиды, которые вырабатываются и высвобождаются одним типом клеток для того, чтобы соединиться со специфическим рецептором на клеточной мембране другой клетки того же или другого типа. Присоединение к рецептору включает определенную систему внутриклеточных сообщений в клетке, что приводит к выполнению определенной функции. Лучшим примером цитокинов являются интерлейкины (IL), которые передают сообщения между лейкоцитами.

IL-1 и TNF-a продуцируются активированными макрофагами и другими клетками и оказывают провоспалительное действие, имеющее отношение к патологии пародонта. К ним относится стимуляция выработки PGE2 и коллагеназы. Поскольку к этим цитокинам были получены моноклональные антитела, их можно определять методом ИФА и, следовательно, они могут быть использованы в клинических тест-системах.

IL-1 а и в присутствуют в воспаленной десне. Они также присутствуют в GCF пациентов с пародонтитом и, конечно, в низких концентрациях обнаруживаются в здоровых участках.[80] Их уровень снижался после скалирования и планирования корней, но не коррелировал с показателями глубины зондирования. В данном исследовании было обнаружено, что количество IL-1 в GCF также коррелирует с содержанием мессенджерной РНК в прилегающей десневой ткани.

TNF-a также присутствует в GCF, но не коррелирует с глубиной зондирования или воспалением десны, а его общее количество находится в обратной зависимости от воспаления тканей.[114]

Уровни ИЛ-1 и ИЛ-6 также сравнивались у пациентов с рефрактерным и стабильным пародонтитом.[111] Не было выявлено существенных различий в среднем уровне ИЛ-1 в рефрактерных участках, в этой группе пациентов вырабатывалось значительно больше ИЛ-6.

Значительное вспомогательное исследование

Lee et al. (1995) определяли уровни IL-ie, IL-2, IL-4, IL-6 и TNF-a в GCF методом ELISA.[67] Их уровни в активных и неактивных участках у 10 пациентов с рефрактерным пародонтитом сравнивались в ходе короткого 3-месячного продольного исследования. К активным участкам относили участки, потерявшие более 2 мм прикрепления, измеренного зондом Florida, в течение 3 месяцев исследования. В соответствии с этими критериями было выделено 8 активных и 12 неактивных участков. В активных участках уровень IL-2 и IL- 6 был значительно выше, чем в неактивных, как на исходном уровне, так и при посещении через 3 месяца. Это позволяет предположить, что данный цитокин может ассоциироваться с прогрессирующей потерей прикрепления, но не предсказывать ее.

Исследователи также использовали субтракционную рентгенографию для выявления потери альвеолярной кости в течение 3 месяцев и обнаружили, что в участках с потерей кости уровень IL-ie и IL-2 был значительно выше, чем в участках без признаков потери кости.

Исследование показало, что IL-2, IL-6 и, возможно, IL-ie могут быть прогностически значимыми для будущей потери прикрепления при рефрактерном пародонтите. Однако уровень предсказательности этих цитокинов неясен, поскольку количество истинно положительных и ложноположительных и отрицательных участков не подсчитывалось и не было связано в диагностическом тесте. Таким образом, истинная взаимосвязь требует дальнейших исследований.

7. Взаимосвязь простагландинов с патологией пародонта

ПГЕ2 оказывает провоспалительное и иммунорегуляторное действие, его концентрация в тканях десны достаточна для того, чтобы вызвать значительное влияние на реакцию и функции клеток.[90] В культуре костных органов он стимулирует остеокластическую резорбцию кости. Таким образом, он может играть важную роль в патологии пародонта. Существует множество данных, которые связывают уровень ПГЕ2 в тканях пародонта и ГКФ с тяжестью заболевания пародонта. При естественном гингивите отмечается умеренное повышение уровня ПГЕ2 в ГКФ до 32-53 нг/мл при экспериментальном гингивите. У пациентов с нелеченым пародонтитом уровень ПГЕ2 значительно выше, чем у пациентов с гингивитом.

Значительное вспомогательное исследование

В исследовании **Offenbacher et al. (1986 г.)** пациенты с периодонтитом после скальпирования и корневой обработки были разделены на 2 группы: те, у которых не было дальнейшей потери прикрепления, и те, у которых наблюдалась потеря прикрепления в одном или нескольких местах >3 мм. В группе, в которой не наблюдалось дальнейшей потери прикрепления, средний уровень ПГЕ2 в ГКФ был значительно ниже, чем в группе с потерей прикрепления в течение последующих 6 месяцев и соответствовал уровню нелеченого гингивита. Это наблюдение является основанием для утверждения, что уровень GCF PGE2 является прогностическим для активности заболевания пародонта.[91]

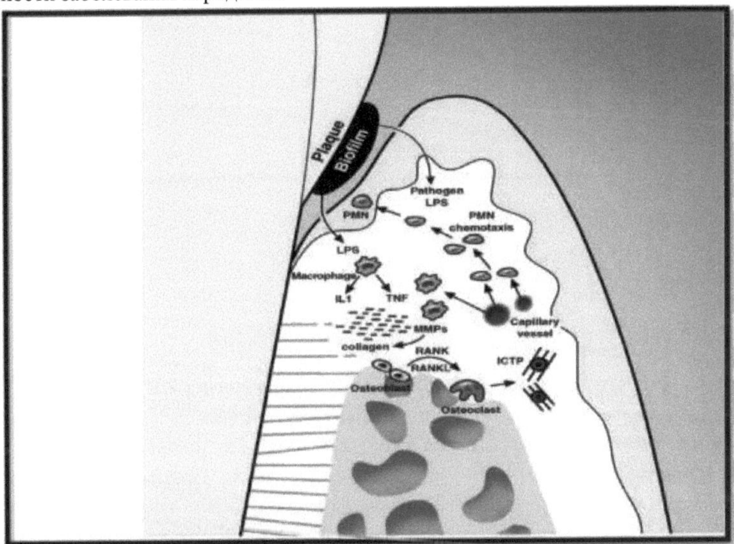

Рисунок 7. *Схематическое изображение начальных событий, запускаемых липополисахаридом (ЛПС) из биопленок зубного налета на тканях пародонта. Патогены, присутствующие в биопленке зубного налета, активируют хемотаксис полиморфноядерных лейкоцитов (ПЯЛ) в качестве первой линии защиты от инфекции. Моноциты и активированные макрофаги в ответ на эндотоксин выделяют цитокины (фактор некроза опухоли [TNF] и интерлейкин 1 [IL1]), которые являются медиаторами резорбции костной ткани. Матриксные металлопротеиназы (ММП), выделяемые фибробластами и ПМН, являются мощными ферментами, разрушающими коллаген. TNF, IL-1 и рецепторный активатор лиганда NF-kB (RANKL) повышены в очагах заболевания и играют важную роль в остеокластогенезе и резорбции костной ткани. Молекулы тканевой деградации, такие как пиридинолиновый сшитый карбокситерминальный телопептид коллагена I типа (ICTP), специфичные для резорбции кости,*

высвобождаются в GCF и могут быть использованы в качестве биомаркеров заболеваний пародонта и ранее упомянутых цитокинов и ферментов. RANK - рецепторный активатор NF-kB.[127]

Активность пародонта предполагает как повреждение эпителиальных клеток выстилки кармана, так и клеток соединительной ткани в местах деградации соединительной ткани. Кроме того, активные ткани пародонта густо инфильтрированы воспалительными клетками, многие из которых могут быть повреждены. Полиморфные нейтрофильные лейкоциты (ПНЛ) в изобилии присутствуют в этих участках и живут всего 7-10 дней, после чего деградируют. При повреждении все они вполне могут отражать степень клеточной гибели в очаге поражения.

Два из этих ферментов - аспартатаминотрансфераза и лактатдегидрогеназа - уже несколько десятилетий широко используются в медицине в качестве диагностических средств для оценки гибели клеток и тканей.

Таблица 10: *Маркеры гибели клеток и деградации соединительной ткани.*[60]

Lactate dehydrogenase
Fibronectin
Hydroxyproline-containing peptides
Glycosaminoglycans

Лактатдегидрогеназа

Фибронектин

Гидроксипролинсодержащие пептиды Гликозаминогликаны

Аспартат-аминотрансфераза (АСТ) и лактатдегидрогеназа (ЛДГ)

Аспартат-аминотрансфераза (АСТ) и лактатдегидрогеназа (ЛДГ) - растворимые цитоплазматические ферменты, которые находятся в цитоплазме клетки, но высвобождаются мертвыми или умирающими клетками. Поскольку гибель клеток является неотъемлемым и важным компонентом деструкции тканей пародонта, они должны высвобождаться в ходе этого процесса и переходить вместе с воспалительным экссудатом в ГКФ.

Поэтому уровень этих ферментов в ГКФ должен свидетельствовать о гибели клеток в тканях пародонта и, следовательно, об активности заболевания. По этим причинам они были изучены как потенциальные маркеры активности заболевания. Уровень АСТ в сыворотке и ЦСЖ уже несколько лет используется в медицине как индикатор некроза и гибели клеток тканей.

Разработан коммерческий диагностический набор, основанный на определении уровня АСТ в ГКФ, и в настоящее время продается компанией Colgate под торговым названием **PERIOGARD.**

ЛДГ коррелировала с глубиной зондирования, индексами десны и зубного налета в поперечных и продольных исследованиях. Однако в обоих случаях уровень корреляции оказался ниже, чем для в-глюкуронидазы, которая была включена в те же исследования.[64] Кроме того, значимые корреляции были обнаружены только в момент потери привязанности, а не до нее. Таким образом, на сегодняшний день не доказано, что ЛДГ может быть прогностически значимой для активности заболевания.

Деградация соединительной ткани воспалительными клетками и, возможно, бактериальными ферментами при активном пародонтите может привести к высвобождению компонентов этих тканей. Они попадают в воспалительный экссудат и затем в ГКФ. Эти компоненты могут представлять собой расщепленные участки основных молекул соединительной ткани пародонта и базальной мембраны, таких как коллагены и протеогликаны.

Значимые корреляции были обнаружены только в момент потери привязанности, а не до нее. Таким образом, пока не доказано, что ЛДГ может быть прогностически значимой для активности заболевания.

Деградация соединительной ткани воспалительными клетками и, возможно, бактериальными ферментами при активном пародонтите может приводить к высвобождению компонентов этих тканей (табл. 11).

Они переходят в воспалительный экссудат и затем в GCF. Эти компоненты могут представлять собой расщепленные участки основных молекул соединительной ткани пародонта и базальной мембраны, таких как коллагены и протеогликаны.

Таблица 11: *Компоненты соединительной ткани, деградирующие при пародонтите.*

Мягкие ткани компоненты	Компоненты	Разбивочный продукт
Мягкие ткани	Коллаген I, II, V, Протеогликаны Гиалуронан Фибронектин	Гидроксипролин Гликозаминогликаны Расщепленный компонент фибронектина
Подвал мембрана	Коллаген IV Ламинин	

Обнаружение в GCF продуктов распада компонентов соединительной ткани и костной ткани может свидетельствовать о разрушении тканей, связанном с активностью заболеваний пародонта. Продуктами распада этих компонентов, обнаруженными в GCF, являются:

Фибронектин

Гидрокси-пролинсодержащие пептиды

Гликозаминогликаны

Фибронектин

Фибронектин является нормальным компонентом сыворотки крови и соединительнотканного матрикса и участвует в адгезии клеток к соединительной ткани. Он также обнаружен в ГКФ. При поперечном исследовании фибронектина ГКФ у человека было обнаружено большее количество интактных молекул в образцах из здоровых, чем из больных участков.[129] Кроме того, количество интактных молекул увеличивалось после лечения больных участков.

Гидроксипролинсодержащие пептиды

Гидроксипролинсодержащие пептиды высвобождаются в процессе деградации коллагена. Однако связь этого пептида с деструктивным пародонтитом у человека до настоящего времени не изучалась.

Также было показано, что гидроксипролинсодержащие пептиды присутствуют в ГКФ, полученной от собак, при развитии экспериментального пародонтита.[28]

Гликозаминогликаны (ГАГ)

Внеклеточное грунтовое вещество соединительных тканей содержит ряд гексаоксансодержащих гетерополисахаридов, называемых гликозаминогликанами (ГАГ), которые связаны со специфическим белком ядра и образуют высокомолекулярные агрегаты, называемые протеогликанами. Разрушение соединительной ткани, происходящее при пародонтите, включает деградацию протеогликанов. В этом процессе участвуют протеолитические ферменты, которые высвобождают ГАГ из белкового ядра. Затем ГАГи могут попасть в ГЦФ через воспалительный экссудат, где они и были обнаружены.[29]

С помощью электрофореза ацетата целлюлозы были исследованы ГАГ в ГЦФ из отдельных участков при определенных клинических состояниях. Несульфатированная ГАГ гиалуроновая кислота присутствовала во всех образцах и была единственной основной ГАГ, обнаруженной у пациентов с хроническим гингивитом. Еще один сульфатированный ГАГ, идентифицированный ферментным перевариванием как хондроитинсульфат, был обнаружен в GCF из участков с нелеченым прогрессирующим пародонтитом. Исходные образцы GCF из раннего пародонтита и ювенильного пародонтита также содержали этот ГАГ. Однако этот ГАГ не был обнаружен после пародонтологического лечения этих участков с использованием субгингивального скальпирования, операции по уменьшению карманов или ежедневного орошения карманов раствором хлоргексидина.[65]

Воспаление приводит к накоплению лейкоцитов PMN, макрофагов, лимфоцитов и тучных клеток, которые очень важны для защиты организма от инфекции. Воспалительные клетки содержат в своих лизосомах разрушительные ферменты, которые обычно используются для деградации фагоцитированного материала. Однако при высвобождении эти ферменты способны разрушать компоненты десневой ткани. Такие ферменты могут высвобождаться воспалительными клетками в процессе их функционирования, а также при их дегенерации или гибели. Основными тканями, повреждаемыми в этом процессе, являются компоненты соединительной ткани, и разрушение этих тканей вокруг воспалительных клеток способствует распространению этих клеток по тканям (табл. 12).

Таблица 12: *Протеолитические и гидролитические ферменты как маркер*.[60]

	Неспецифические нейтральные протеиназы
Аспартат-аминотрансфераза	
Щелочная фосфатаза	Коллагеназы
	Матриксная металлопротеиназа-1
	Матриксная металлопротеиназа-3
	Матриксная металлопротеиназа-8
	Матриксная металлопротеиназа-13
Кислая фосфатаза	Желатиназы
	Матриксная металлопротеиназа-2
	Матриксная металлопротеиназа-9
ρ-Глюкуронидаза	Тканевой ингибитор ММП-1

	(TIMP-1)
Эластаза	Стромэлизины
Ингибиторы эластазы	Миелопероксидазы
a.2-Макроглобулин	
a1-Протеиназный ингибитор	
катепсинов	Лактатдегидрогеназа
Цистеиновые протеиназы (B, H, L)	
Сериновые протеиназы (Q) Катепсин D	
Трипсиноподобные ферменты	Арилсульфатаза
Иммуноглобулин-деградирующие	Креатинкиназа
ферменты Гликозидазы	p-N-ацетил-гексозаминидаза
Дипептидилпептидазы	Неспецифические нейтральные протеиназы

Oringer в **2001 году** предположил, что AST, биомаркер разрушения тканей, высвобождаемый из

некротических клеток в GCF ассоциируется с тяжестью пародонтита.[93]

Таблица 13: *Протеолитические и гидролитические ферменты, обнаруженные в воспалительных клетках.*

Протеолитические ферменты	Гидролитические ферменты
Коллагеназа	Арилсульфатаза
Эластаза	3-глюкуронидаза
Катепсин G	Щелочная фосфатаза
Катепсин B	Кислая фосфатаза
Катепсин D	Миелопероксидаза
Дипептидилпептидаза	Лизоцим
Триптаза	Лактоферрин

ГЛАВА 4

Коллагеназа и родственные металлопротеиназы

<u>Источник и биохимическое значение:</u>

Коллагеназы относятся к семейству металлопротеиназ, разрушающих коллаген. Они синтезируются макрофагами, нейтрофилами, фибробластами и кератиноцитами и секретируются этими клетками в виде латентных ферментов при стимуляции соответствующими цитокинами и некоторыми бактериальными продуктами. Существует два основных типа специфических коллагеназ: ММП-8, содержащаяся в воспалительных клетках, таких как PMNs и макрофаги, и ММП-1, содержащаяся в фибробластах и других клетках. Эти клетки также вырабатывают ингибиторы, известные как тканевые ингибиторы металлопротеиназ (TIMP).[113]

<u>Активация и ингибирование:</u>

Латентная или про-коллагеназа и родственные ферменты активируются рядом протеолитических ферментов, включая тканевый плазмин, образующийся из сывороточного плазминогена под действием активатора плазминогена, секретируемого макрофагами. Они инактивируются ТИМПами и а2-макроглобулином.[98]

<u>Значимые исследования на людях:</u>

Активность ММП-1, ММП-8 и ММП-13 присутствует в тканях десны, слюне и GCF и может быть определена биохимически с помощью коллагеновых субстратов и иммунодетективно с помощью моноклональных или поликлональных антител методом ELISA или вестерн-блоттинга.

Уровень ММП-8 и ММП-9 в слюне у пациентов с хроническим пародонтитом, не получавших лечения, был значительно выше, чем у здоровых людей, а после лечения уровень ММП-8, 2, 9 значительно снижается. Уровень ММП-8 коррелирует с показателями тяжести заболевания. Напротив, при локализованном ювенильном пародонтите (ЛЮП) в слюне преобладает ММП-1, но уровень коллагеназы при этом значительно ниже, чем у нелеченых или леченых больных хроническим пародонтитом или здоровых людей.[48] Было показано, что в ГКФ пародонта человека активность коллагеназы возрастает по мере увеличения тяжести воспаления десны, глубины кармана и потери альвеолярной кости. Преобладающей коллагеназой в ГКФ является ММП-8, образующаяся в основном из ПМН, а уровни ММП-8 и ММП-9 в ГКФ значительно выше при нелеченном хроническом пародонтите по сравнению со здоровыми людьми.[77]

Lee et al. (1995) в 12-месячном продольном когортном исследовании измеряли относительное количество активной и латентной коллагеназы GCF и потерю прикрепления пародонта. В участках с прогрессирующей потерей прикрепления наблюдалась значительная вариабельность уровня активной коллагеназы, которая со временем значительно увеличивалась в этих участках.[68]

Цистеиновые протеиназы

<u>Источник и биохимическое значение:</u>

Катепсины B, H и L - внутриклеточные цистеиновые протеиназы, способные разрушать внеклеточные компоненты, включая коллаген. Они действуют при кислом pH и в основном участвуют во внутриклеточной деградации, но также активны и внеклеточно, когда высвобождаются при воспалении. Они также особенно активны в процессе резорбции костной ткани. Они вырабатываются главным образом фибробластами, макрофагами и остеокластами. Ультраструктурные исследования показали, что катепсин В локализован в лизосомах и связан с поверхностной мембраной макрофагов. Кроме того, катепсин В был обнаружен на поверхности коллагеновых фибрилл в прилегающей к этим клеткам соединительной ткани, что позволяет предположить его роль в деградации соединительной ткани.

<u>Ингибирование:</u>

Они ингибируются а2-макроглобулином и тканевыми ингибиторами, известными как цистатины. Фибробласты и некоторые макрофаги в десне человека содержат а2-макроглобулин, а активность цистеиновых протеиназ в десневой ткани и GCF представляет собой баланс между ферментом и ингибиторами.[57]

Катепсины В и L присутствуют в десневой ткани и GCF, как и их ингибиторы. Уровень катепсина В и L в GCF достоверно коррелирует с увеличением воспаления десны, глубиной зондирования, уровнем прикрепления и потерей костной ткани. Кроме того, уровень катепсина В и L значительно снижается после пародонтологического лечения. Нулевой или очень низкий уровень наблюдается в здоровых участках, низкий уровень - в участках гингивита и высокий уровень - в участках пародонтита.[28]

Поддерживающие значимые исследования:

<u>Лонгитюдные исследования:</u>

В продольном 2-летнем исследовании 75 пациентов изучался уровень катепсина В в ГКФ и потеря пародонтального прикрепления. Все клинические параметры и уровень фермента значительно снизились после базового пародонтологического лечения по сравнению с исходным уровнем. В течение 2 лет наблюдалось статистически значимое повышение уровня катепсина В в пародонте по сравнению с контрольными участками, что позволяет говорить о катепсине В как о хорошем предикторе будущей прогрессирующей потери прикрепления.[27]

Аспартатные протеиназы

Катепсин D содержится в десневой ткани и GCF. Было показано, что уровень GCF значительно коррелирует с увеличением воспаления десны, глубиной зондирования, уровнем прикрепления зонда и потерей костной ткани.[50]

Сериновые протеиназы: Эластаза

<u>Источник и биохимическое значение</u>

Эластаза в тканях десны вырабатывается PMNs и содержится в этих клетках в активной форме, вероятно, связанной с ингибитором. В тканях она ингибируется 1-протеиназным ингибитором (а 1-PI) и макроглобулином а2 (а 2-М), который содержится во многих фибробластах и макрофагах. Активная эластаза лишь изредка обнаруживается в тканях десны биохимически или гистохимически и, вероятно, только в активном состоянии, когда происходит дисбаланс ингибиторов фермента. Обычно она обнаруживается либо рядом с функциональным эпителием, когда ПМН мигрируют в щель, либо в грануляционной ткани на продвигающемся фронте поражения.[58]

Эластаза способна разрушать протеогликаны, а также активировать латентную коллагеназу. Коллагеназы не способны разрушать коллаген до тех пор, пока не будет расщеплен терминальный пептидный участок молекулы, содержащий межмолекулярные сшивки, и эту функцию также может выполнять эластаза. Таким образом, она может играть важную роль в патологии пародонта.

Уровень эластазы в слюне очень низкий у пародонтологически здоровых людей. Средний уровень эластазы значительно возрастает от группы гингивита к группе раннего пародонтита и от умеренного до позднего пародонтита. Уровень слюнной эластазы коррелирует с показателями тяжести заболевания и количеством глубоких карманов. Однако уровень слюнной эластазы не является хорошим индикатором гингивита, так как только у 45% этих пациентов он обнаруживался в слюне.[134] Уровень эластазы значительно снижается после пародонтологической терапии.

Уровень эластазы GCF значительно коррелирует с увеличением воспаления десны, глубины зондирования, уровня прикрепления зонда и потери костной ткани, а также значительно снижается после пародонтологического лечения. В здоровых участках уровень эластазы нулевой или очень низкий, в участках гингивита - низкий или умеренный, в участках пародонтита - очень высокий.[28]

Поддерживающие значимые исследования:

Исследование на животных

Сравнивали уровень эластазы ГКФ в здоровых, гингивитных и гистологически подтвержденных участках потери прикрепления у собак породы бигль с лигатурно-индуцированным пародонтитом. Было обнаружено, что в местах потери прикрепления максимальная гистологическая потеря прикрепления совпадает с периодом максимальной активности эластазы GCF. Напротив, в здоровых и гингивитных участках активность фермента была минимальной на протяжении всего периода исследования.[112]

Продольное исследование

Использовалось продольное исследование в течение 2 лет 75 пациентов с использованием как более высокого порога, так и рентгенологического исследования для определения подтвержденной прогрессирующей потери прикрепления. Все клинические параметры и уровни ферментов снизились после базового пародонтологического лечения до начала исследования. Уровни, превышающие критические значения, выбранные для общей активности эластазы и концентрации фермента, присутствовали в участках потери прикрепления и были значительно выше, чем в контрольных участках.[25]

ТРИПТАЗА

Источник и биохимическое значение

Активность триптазы присутствует в больших количествах в тканях десны и в небольших количествах в GCF при биохимическом измерении, и она локализована в тучных клетках десны. В гранулах тучных клеток она стабилизируется в активном состоянии за счет ассоциации с гепарином и высвобождается этими клетками при дегрануляции. Триптаза может расщеплять третий компонент комплемента и активировать латентную коллагеназу. Она может стимулировать высвобождение коллагеназы из фибробластов десны и в воспаленных тканях десны, а дегрануляция тучных клеток происходит в местах разрушения соединительной ткани. Было показано, что у собак ингибитор дегрануляции тучных клеток значительно снижает скорость потери альвеолярной кости. Таким образом, триптаза может быть вовлечена в патогенез пародонтита.

У людей активность триптазы GCF коррелирует с клиническими параметрами тяжести заболевания, включая прикрепление зонда и потерю костной ткани, и значительно снижается после пародонтологического лечения. Нулевой или очень низкий уровень присутствует в здоровых участках, низкий - в участках гингивита и умеренно высокий - в участках пародонтита.[28] **Дипептидилпептидазы (ДПП)** Источник и биохимическое

<u>значение</u>

DPP II, активный при кислом pH, и DPP IV, активный при щелочном pH, присутствуют в десневой ткани и GCF. В тканях десны DPP II является лизосомальным ферментом, присутствующим в фибробластах. В мазках из GCF он также присутствует в макрофагах. Это может свидетельствовать о том, что данный фермент в макрофагах находится в неактивной форме в тканях десны, но в активной форме в клетках, мигрировавших в GCF.

DPP IV - лизосомальный фермент, присутствующий в макрофагах, фибробластах и Т-лимфоцитах. С помощью иммунозолотой локализации при электронной микроскопии DPP IV был обнаружен на поверхностной мембране Т-лимфоцитов, макрофагов и фибробластов.

GCF DPP II и IV необходимо отличать от бактериальных DPP, для чего были разработаны селективные анализы. Они способны расщеплять глицилпропиловые остатки и могут играть роль в деградации коллагена после действия других ферментов. Уровень GCF DPP II и IV коррелирует с клиническими параметрами тяжести заболевания и значительно снижается после пародонтологического лечения. Нулевой или очень низкий уровень присутствует в здоровых участках, низкий уровень - в участках гингивита и высокий уровень - в участках пародонтита.[28]

<u>Поддерживающие значимые исследования:</u>

У 75 пациентов было проведено 2-летнее продольное исследование DPP II и DPP IV, в котором использовались пороговые значения для участка, пациента и популяции в отношении потери прикрепления при зондировании, измеренные с помощью электронного зонда Florida, и рентгенологические измерения для определения прогрессирующей потери прикрепления. Значения как DPP II, так и DPP IV были значительно выше на участках потери прикрепления по сравнению с контрольными участками у тех же пациентов.[26]

в -Глюкуронидаза и арилсульфатаза

в -глюкуронидаза - лизосомальный фермент, активно участвующий в гидролизе гликозильных связей межклеточного вещества грунта. Поэтому вполне вероятно, что активность заболеваний пародонта связана с повышением уровня в -глюкуронидазы в жидкости десневой борозды. Были проведены обширные исследования в -глюкуронидазы и арилсульфатазы. Оба этих фермента являются лизосомальными и содержатся в PMN. В - глюкуронидаза - это кислая гидролаза, которая считается маркером первичных гранул, выделяемых этими клетками.

Поддерживающее значительное исследование:

<u>Кросс-секционные исследования:</u>

В кросс-секционных исследованиях было показано, что оба этих фермента статистически значимо коррелируют с воспалением десны, глубиной карманов и потерей альвеолярной кости.

Уровень этих ферментов также выше в пораженных участках по сравнению со здоровыми и снижается после пародонтологического лечения. При 4-недельном экспериментальном гингивите уровень этих ферментов повышался в первые 3 недели, а также с увеличением глубины кармана, коррелируя со спирохетами, P. gingivalis, P. intermedia и черными пигментными бактериями.

<u>Продольное исследование</u>

В исследовании через 6 месяцев более высокая активность в -глюкуронидазы

39

наблюдалась в исходном состоянии, а через 3 месяца имела наибольшую связь с потерей привязанности.[91]

Щелочная фосфатаза

Щелочная фосфатаза (ЩФ) представляет собой гликопротеиновый и мембраносвязанный фермент. Она гидролизует монофосфатные эфирные связи при щелочном pH, повышая локальную концентрацию фосфат-ионов. В пародонте щелочная фосфатаза является очень важным ферментом, поскольку она участвует в нормальном обороте периодонтальной связки, формировании и поддержании цемента корня, а также в гомеостазе костной ткани. Она вырабатывается многими клетками, включая фибробласты, остеобласты и остеокласты, но основным источником щелочной фосфатазы в жидкости десневой щели являются нейтрофилы. Щелочная фосфатаза нейтрофилов как связана с мембранами, так и присутствует во внутриклеточных компартментах. Предполагается, что она играет роль в генерации супероксида и как общий участник первой линии защиты, в которой доминируют нейтрофилы.

Поперечное исследование щелочной фосфатазы GCF у пациентов с пародонтитом показало, что она положительно и значительно коррелирует с глубиной карманов, но не с потерей костной ткани.[51] Продольное исследование, в котором уровни GCF связывались с потерей прикрепления пародонта более чем на 2 мм, показало, что активные участки в 20 раз превышали активность, обнаруженную в сыворотке крови, и были значительно связаны с активностью заболевания пародонта.

Однако при подсчете количества ложноположительных и отрицательных результатов с использованием наиболее благоприятной точки отсечения было выявлено 73% активных участков, в то время как в число неактивных попало 36%. Это, по-видимому, свидетельствует о низкой прогностической ценности данного метода.[8]

Кислая фосфатаза

Кислая фосфатаза присутствует в воспалительных клетках и была обнаружена в ГКФ. Однако ее уровень не коррелирует с показателями тяжести и активности заболевания.

Миелопероксидаза, лизоцим и лактоферрин

Эти ферменты содержатся в PMNs и могут быть обнаружены в GCF. Уровень слюнной миелопероксидазы (МПО) значительно выше у пациентов с хроническим пародонтитом, не получавших лечения, по сравнению со здоровыми людьми, и значительно снижается после лечения.[126] Уровень МРО в GCF при пародонтите выше, чем в контрольной группе, и значительно снижается после лечения пародонтита. Однако его активность не коррелирует с клиническими показателями тяжести заболевания.[12]

Лизоцим - антибактериальный фермент, содержащийся в секретах организма, в частности, в слезах и слюне. Сообщалось, что уровень лизоцима в слюне у больных хроническим пародонтитом и инсулиннезависимым сахарным диабетом значительно ниже, чем у здоровых людей. Активность лизосом и лактоферрина в ГКФ была повышена в пораженных участках у пациентов с

локализованного ювенильного пародонтита по сравнению с образцами, полученными от пациентов с гингивитом и пародонтитом взрослых. Уровень лактоферрина не отличался, и авторы предположили, что соотношение лизоцима и лактоферрина может быть более значимым. Однако, по данным этих исследований, ни один из этих ферментов не обладает диагностическим потенциалом.[126]

Из 50 и более различных компонентов, обнаруженных на сегодняшний день в GCF и слюне для диагностики пародонтита, большинство не обладают специфичностью в отношении разрушения альвеолярной кости и представляют собой, по сути, воспалительные явления в мягких тканях. При исследовании разрушения альвеолярной кости, которому предшествует микробная инфекция и воспалительная реакция, измерение молекул, образующихся в соединительной ткани, может привести к более точной оценке разрушения ткани в связи с огромной вариабельностью реакции хозяина у разных людей.

Достижения в области биологии костных клеток за последнее десятилетие привели к появлению нескольких новых биохимических маркеров для измерения гомеостаза костной ткани. В связи с растущим числом доказательств взаимосвязи между остеопорозом и потерей костной ткани в полости рта исследователи стремятся разработать более совершенные биологические маркеры для определения и прогнозирования потери костной ткани в полости рта.[127] В рамках данной темы рассматриваются маркеры резорбции костной ткани, которые могут служить потенциальными маркерами активности заболеваний пародонта (рис. 8). В данной теме описываются костно-специфические белки, участвующие в минерализации костной ткани, их роль в этом процессе, а также то, как они могут попадать в GCF, и рассматриваются исследования, в которых предпринимались попытки связать их с тяжестью пародонтита.

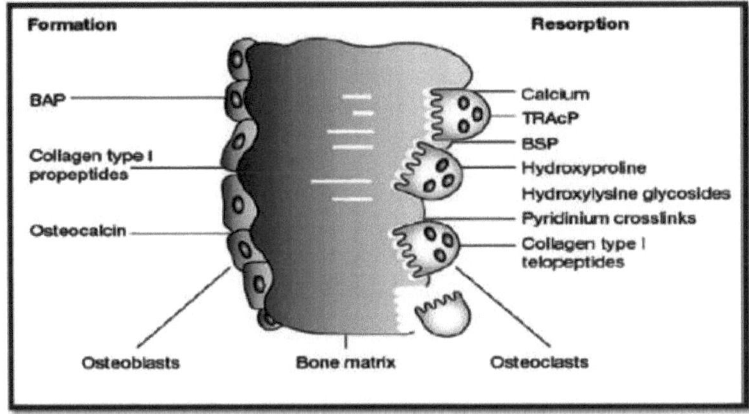

Рисунок 8: Схематическое изображение различных маркеров костной ткани, используемых в настоящее время.

КОСТНО-СПЕЦИФИЧЕСКИЕ БЕЛКИ

Несколько костных морфогенных белков участвуют в минерализации костной ткани, а некоторые соединительнотканные белки также играют важную роль в этом процессе. Некоторые из них, рассмотренные ниже, рассматривались как возможные маркеры резорбции костной ткани и, следовательно, активности заболеваний пародонта. К таким костно-специфическим белкам относятся: - Остеонектин

- Костный фосфопротеин
- Остеокальцин

- Телесные пептиды коллагена I типа
- **Остеонектин и костный фосфопротеин (N-Pro пептид)**

Остеонектин: является нормальным компонентом костного матрикса, который, как полагают, играет важную роль в начальной фазе минерализации.

Костный фосфопротеин (N-Pro пептид)

Представляет собой аминопропептидное продолжение 1 цепи коллагена I типа, по-видимому, участвует в прикреплении клеток соединительной ткани к субстрату.

Оба этих белка были обнаружены в GCF пациентов с приодонтитом. Кроме того, было показано, что общее количество остеонектина и костного фопротеина в GCF увеличивается в зависимости от глубины зондирования. Поэтому они могут быть связаны с тяжестью заболеваний пародонта.[10]

Остеокальцин

Остеокальцин - кальцийсвязывающий белок костной ткани, наиболее распространенный неколлагеновый белок в минерализованных тканях. Остеокальцин синтезируется преимущественно остеобластами и играет важную роль в формировании и обороте костной ткани. Остеокальцин обладает хемопривлекательной активностью для клеток-предшественников остеокластов и моноцитов, а его синтез in vitro стимулируется 1,25-дигидроксивитамином D3. Также показано, что он способствует резорбции костной ткани и стимулирует дифференцировку клеток-предшественников остеокластов. Повышение уровня остеокальцина в сыворотке крови отмечается в периоды быстрого оборота костной ткани (например, при остеопорозе, множественной миеломе, восстановлении переломов). В настоящее время остеокальцин в сыворотке крови является достоверным маркером оборота костной ткани, когда резорбция и формирование связаны между собой, и специфическим маркером формирования костной ткани, когда формирование и резорбция не связаны между собой.

Биохимическое и физиологическое значение:

Хемотаксически привлекает клетки-предшественники остеокластов и моноциты крови. Стимулируется витамином D3, создавая концентрации, которые способствуют синтезу коллагена в остеобластах, резорбции костной ткани и дифференцировке клеток-предшественников, способных к резорбции костной ткани.[70]

Значимые подтверждающие исследования:

Кросс-секционное исследование человека:

В ряде исследований изучалась связь между уровнем остеокальцина в ГКФ и заболеваниями пародонта

Kunimatsu et al. 1993 сообщили о положительной корреляции между уровнем аминоконцевого пептида остеокальцина в GCF и клиническими параметрами в кросс-секционном исследовании пациентов с пародонтитом и гингивитом. Исследователи также сообщили, что у пациентов с гингивитом остеокальцин обнаружить не удалось.[63]

В отличие от этого, **Nakashima et al. 1994** сообщили о значительном уровне остеокальцина в ГКФ пациентов с пародонтитом и гингивитом. Уровень остеокальцина также значительно коррелировал с глубиной карманов, показателями десневого индекса и уровнями щелочной фосфатазы и простагландина Е2 в ГКФ.[87]

Лонгитюдные исследования:

В продольном исследовании пациентов с нелеченым пародонтитом с потерей прикрепления R1,5 мм за период наблюдения только уровень остеокальцина в ГКФ не позволял отличить активные участки от неактивных. Однако при оценке комбинации биохимических маркеров остеокальцина, коллагеназы, простагландина Е2, а2-макроглобулина, эластазы и щелочной фосфатазы было отмечено повышение диагностической чувствительности и специфичности на 80% и 91% соответственно.

В продольном исследовании на экспериментальной модели пародонтита у собак породы бигль была обнаружена сильная корреляция между уровнем остеокальцина в ГКФ и активным оборотом костной ткани, определяемым по поглощению радиофармпрепарата, ищущего кость. Однако было показано, что остеокальцин обладает лишь скромной прогностической ценностью в отношении будущей потери костной ткани, измеренной с помощью компьютерной цифровой рентгенографии.

В совокупности результаты этих исследований свидетельствуют о потенциальной роли интактного остеокальцина как маркера оборота костной ткани, но не как прогностического индикатора заболеваний пародонта. Более перспективным представляется определение аминотерминальных фрагментов остеокальцина для выявления заболеваний пародонта. Для более полного выяснения полезности остеокальцина как средства диагностики активности заболеваний пародонта могут потребоваться дополнительные продольные исследования.

Поперечно связанный карбокситерминальный телопептид коллагена I типа (ICTP)

Коллаген I типа составляет 90% органического матрикса кости и является наиболее распространенным коллагеном в костной ткани. Продукты деградации коллагена стали ценными маркерами оборота костной ткани при множестве костных резорбтивных и метаболических заболеваний. Пиридинолиновые сшивки представляют собой класс деградирующих молекул коллагена, включающий пиридинолин, дезоксипиридинолин, N-телопептиды и С-телопептиды.

Пиридинолин и дезоксипиридинолин являются зрелыми межмолекулярными сшивками коллагена. После остеокластической резорбции кости и деградации коллагенового матрикса пиридинолин, дезоксипиридинолин, а также амино- и карбокситерминальные сшитые телопептиды коллагена I типа попадают в кровоток. Поскольку сшитые телопептиды образуются в результате посттрансляционной модификации молекул коллагена, они не могут быть повторно использованы в процессе синтеза коллагена и поэтому считаются специфическими биомаркерами резорбции костной ткани.

Кроме того, ценность пиридинолиновых сшивок как потенциальных маркеров оборота костной ткани связана с их специфичностью для костной ткани. В коже и других мягких тканях преобладают гистидиновые сшивки, а пиридинолиноподобных структур не существует.[127] Физиологическое значение:

В процессе синтеза костного коллагена образуются пиридинолиновые поперечные связи между телопептидными участками молекулы коллагена I типа и спиральным участком другой такой же молекулы, что повышает механическую стабильность структуры.

Клиническая значимость:

Недавно было показано, что МТП коррелирует с оборотом костной ткани при микседеме, тиреотоксикозе, первичном гипертиреозе и постменопаузальном остеопорозе. Было показано, что повышенный уровень МКТП совпадает со скоростью резорбции костной ткани.

МТП обнаружен в ГКФ у больных пародонтитом.

Поддерживающие значимые исследования:

Кросс-секционное исследование:

Двадцать пациентов были разделены на группу с пародонтитом и группу без пародонтита. У всех этих пациентов GCF была собрана из 126 участков. Четырем пациентам из группы с пародонтитом было проведено пародонтологическое лечение. Образцы GCF были дополнительно взяты через 2, 5, 10, 20 и 40 дней после лечения. МТП определяли радиоиммунологическим методом. В группе, пораженной пародонтитом, по сравнению с группой без пародонтита, были обнаружены значительно более высокие уровни, в 100 раз превышающие референсные уровни в сыворотке крови. Уровень МТП положительно коррелировал с параметрами пародонта. Лечение пародонтита снизило концентрацию ICTP в GCF до уровня, характерного для здоровых людей. Таким образом, уровень ICTP в GCF может отражать локальную деградацию коллагена I типа в тканях пародонта.[130] Продольные исследования:

Исследования на людях не проводились. **Giannobile et al. 1995 г. При** экспериментальном пародонтите у собак породы бигль, вызванном лигатурой, обнаружен уровень МТП GCF, а также уровень остеокальцина, который значительно повышался после начала заболевания. После снятия лигатуры уровень GCF ICTP резко снижался и приближался к контрольному уровню. Результаты показали, что GCF ICTP может служить маркером будущей потери альвеолярной кости.[38] Учитывая специфичность пиридинолиновых перекрестных связей для резорбции кости, они представляют собой потенциально ценный диагностический инструмент в пародонтологии, поскольку биохимические маркеры, специфичные для деградации кости, могут быть полезны для дифференциации между воспалением десны и активной деструкцией костной ткани пародонта или периимплантита.[40] Уровень ICTP также сильно коррелировал с уровнем патогенов пародонта, включая Tanerella forsythia, Porphyromonas gingivalis, Prevotella intermedia и Treponema denticola.[127]

Palys et al. 1998 связывали уровень МТП с поддесневой микрофлорой при различных заболеваниях на GCF.[100]

Oringer et al. 1998 исследовали взаимосвязь между уровнем ICTP и субгингивальным видом налета вокруг имплантатов и зубов у 20 частично беззубых и 2 полностью беззубых пациентов. Не было обнаружено существенных различий между уровнями ICTP и составом субгингивального зубного налета между имплантатами и зубами.[93,94]

Лиганд активатора рецептора NF-kB и остеопротегерин

Баланс между рецепторным активатором лиганда NF-κB (RANKL) и остеопротегерином является критическим для ремоделирования костной ткани. RANKL необходим для индукции дифференцировки и образования остеокластов. Он также известен как лиганд остеопротегерина (OPG), поскольку может связываться с гликопротеином OPG. Связывание этих двух молекул препятствует связыванию RANKL с RANK на предшественниках остеокластов, тем самым конкурентно ингибируя дифференцировку и активность остеокластов.[82] Уровень RANKL в слюне значительно выше у некурящих пациентов с пародонтитом, не получавших лечения, по сравнению с теми, кто получал поддерживающую терапию.[11]

Однако в одном из исследований уровень растворимого RANKL был едва различим в слюне пациентов с пародонтитом. Было высказано предположение, что уровень растворимого RANKL может быть трудно обнаружить в слюне, поскольку эта фракция может быть связана с OPG или деградировать в слюне. Уровень OPG в слюне был повышен при пародонтите и положительно коррелировал с глубиной зондирования, уровнем клинического прикрепления и кровоточивостью при зондировании. Однако уровень OPG в слюне у некурящих пациентов с пародонтитом, не получавших лечения, был ниже, чем у некурящих пациентов, получавших поддерживающую терапию. Взаимодействие между иммунной системой, микробиотой и такими привычками образа жизни, как курение, алкоголизм, стресс и диета, приводящее к постоянным изменениям в организме хозяина, регулируется генами. Эти гены кодируют иммунные рецепторы и различные молекулы, участвующие в путях передачи сигнала, которые играют существенную роль в повышении или понижении иммунного ответа, по сути, воспалительной реакции в ответ на раздражитель.

Первые доказательства того, что генетика играет определенную роль в развитии заболеваний пародонта, появились в **1990-х годах. Schafer et al.2010** предположили, что ключевым фактором, определяющим развитие или отсутствие пародонтита, является реакция организма на микробы. Генетическая предрасположенность к таким многофакторным заболеваниям, как пародонтит, обычно обусловлена не одной или несколькими генными мутациями, а полиморфизмами нескольких генов. Тонкие вариации в генетическом коде могут приводить к изменению экспрессии кодируемых белков, что делает людей с таким генотипом более восприимчивыми к тому или иному заболеванию. Ряд исследователей сообщают о множестве однонуклеотидных полиморфизмов различных сигнальных факторов, рецепторов, компонентов соединительной ткани, ферментов, участвующих в защите хозяина от вторгшихся микробов. Использование генетической шкалы риска может быть полезным для оценки предрасположенности к пародонтиту.[36]

Геномные подходы для выявления слюнных биомаркеров заболеваний пародонта:

Диагностическая и терапевтическая польза от расшифровки генетических основ предрасположенности к заболеваниям пародонта и выявления аллельных вариантов генов в последние 10 лет осознается повсеместно и является значительной. В ряде исследований изучалась связь между полиморфизмами факторов ответа хозяина и агрессивностью пародонтита.

Они включают изучение генов, кодирующих воспалительные цитокины, такие как IL-1 и TNFa, противовоспалительный цитокин IL-10, рецепторы Fc-гамма, катепсин C и коллаген. Данные этих исследований пока противоречивы: в ряде работ выявлены ассоциации, в других - нет.

В патогенезе деструкции тканей пародонта участвуют реактивные формы кислорода (ROS), образующиеся преимущественно из ПМЯЛ. ROS стимулируют повреждение тканей через ряд механизмов, таких как повреждение ДНК, перекисное окисление липидов, разрушение белков и стимуляция высвобождения воспалительных цитокинов. 8-гидрокси-дезоксигуанозин, продукт окислительного повреждения ДНК, был исследован в качестве биомаркера для выявления пародонтита у людей. Установлено, что уровень 8-гидрокси-дезоксигуанозина в цельной слюне пациентов с пародонтитом значительно повышен по сравнению с клинически здоровыми людьми, а после пародонтологической терапии наблюдается значительное снижение уровня 8-гидрокси-дезоксигуанозина в слюне.[141]

<u>**Интерлейкин-1**</u>

Интерлейкин-1 (IL-1) - провоспалительный цитокин, кодируемый кластером генов IL-1 в хромосомной позиции 2q13-21. Он вырабатывается воспалительными клетками, такими как моноциты, макрофаги и дендритные клетки, которые играют важную роль в регуляции иммунного и воспалительного ответа на инфекции. Он состоит из двух молекул - IL-1a и IL-ie.

В исследованиях **(Lavu et al.2015)** и **(Hao et al.2013) было** высказано предположение, что однонуклеотидные полиморфизмы гена кластера IL-1 ассоциируются с повышенным риском развития пародонтита [3, 4]. В работе **(Kornman et al.1997)** сообщается о связи между IL-1a -889 и IL-ie +3954 и тяжестью пародонтита.

(Kobayashi et al.2005) показали, что у азиатов низкий уровень носительства R-аллеля IL-1a -889 по сравнению с другими популяциями.

Интерлейкин-6

Интерлейкин-6 вырабатывается Т-клетками во время воспаления. Он кодируется геном IL-6, локализованным на хромосоме 7p21. Интерлейкин-6 является мощным костно-резорбтивным цитокином. Он активирует и регулирует работу остеокластов. Таким образом, он играет важную роль в предрасположенности и прогрессировании деструкции пародонта. **(Zhang et al.2013)** обнаружили значительную ассоциацию полиморфизмов IL-6 -1363 G/T и IL-6R +48 892 A/C с пародонтитом в китайской популяции [12]. В мета-анализе *(*Nikolopoulos et al.2008**),** посвященном полиморфизмам генов цитокинов, таких как IL-1a, IL-ie, IL-6 и TNF, включавшем 53 исследования, не было выявлено значимой ассоциации между IL-6 и хроническим пародонтитом.

Интерлейкин-10

Это противовоспалительный цитокин, экспрессируемый Т-хелперными клетками. Он кодируется геном, расположенным в 1q31-q32. Основными изученными районами однонуклеотидных полиморфизмов интерлейкина-10 являются -1082, -819 и -592. Однако были получены противоречивые результаты. **Berglund et al. (2003).** обнаружили положительную ассоциацию между SNP IL-10 и пародонтитом в шведской и бразильской популяциях.

TNF-a

Является провоспалительным цитокином, продуцируемым макрофагами. Ген локализован в области 6p21.3. Мета-анализ **Nikolopoulos et al. (2017)**, основанный на 17 исследованиях, показал отсутствие ассоциации полиморфизма -308G/A промотора TNF-a с пародонтитом, а другой мета-анализ **Song et al. (2013)**, также включавший 17 исследований, показал, что аллель TNF-a -308 A ассоциирован с пародонтитом в популяциях Бразилии, Азии и Турции.

TGF-в

Это многофункциональный цитокин, играющий важную роль в клеточной дифференцировке, апоптозе и ангиогенезе. Он существует в трех изоформах TGF-ei, в2 и 03- **Cui et al. (2015)** в своем мета-анализе обнаружили значительную ассоциацию между SNP TGF-в и пародонтитом в азиатской популяции. Однако в ряде других исследований, проведенных разными авторами, ассоциации не обнаружено.

IFN-Y

Продуцируется естественными клетками-киллерами. Ген расположен на хромосоме 12q24. **Heidari et al. (2015)** обнаружили ассоциацию между SNP IFN-Y в иранской популяции, в то время как **Holla et al. (2014)** не выявили значимой ассоциации.[36]

Транскриптом слюны:

Использование высокоплотных олигонуклеотидных микрочипов для профилирования мРНК слюны показало, что в супернатанте бесклеточной слюны здоровых людей содержится 3 000 человеческих мРНК. Особый интерес представляет наличие ядра транскриптома слюны, состоящего из 185 мРНК, которое присутствует у всех здоровых людей, что дает основание использовать транскриптом слюны для выявления заболеваний.

Присутствие мРНК человека в слюне может показаться удивительным. Однако эндогенная мРНК защищена от немедленной деградации так же, как и бесклеточная РНК в плазме крови Использование бесклеточной РНК получило широкое распространение.[141]

В контексте заболеваний пародонта микрочиповой анализ субэпителиальной соединительной ткани полости рта выявил набор из 68 генов с повышенной и шести генов с пониженной регуляцией, включая лактотрансферрин, ММП-1, ММП-3, интерферон-индуцированный-15, кератин 2А и десмоколлин-1.

Высокопроизводительный анализ экспрессии генов позволяет определить набор генов-кандидатов, которые могут стать новыми флагманами терапевтического вмешательства, а также предложить усовершенствованные процедуры диагностики и скрининга для лиц с высоким риском. Хотя в настоящее время не существует биомаркеров ДНК или РНК слюны для заболеваний пародонта, развитие и применение геномных и транскриптомных технологий для анализа слюны, несомненно, позволит в ближайшем будущем выявить биомаркеры для клинической диагностики и прогностической оценки заболеваний пародонта.

Преимущества транскриптомных маркеров:

Процесс обнаружения маркеров осуществляется с высокой пропускной способностью и предполагает использование геномных микрочипов.

В качестве биомаркера РНК обладает такой же надежностью и информативностью, как и любой другой аналит.

Таким образом, транскриптомы слюны обладают такими преимуществами, как высокая пропускная способность обнаружения маркеров с помощью неинвазивного биофлюидного метода и высокая комплаентность пациентов.[37]

Слово "протеом" появилось в **1994 году,** когда **Марк Уильямс** ввел этот термин для обозначения совокупности всех белков, экспрессируемых геномом. Термин "протеом" представляет собой сочетание слов "белок" и "геном". Протеомика - относительно новая "постгеномная" наука с огромным потенциалом. Если геномика и транскриптомика предоставляют базовую информацию о последовательностях ДНК, регуляторных элементах и экспрессии генов, то протеомика дает количественную информацию об общем белковом профиле клетки, ткани или организма.[76] Простыми словами, протеомика определяется как изучение всех белков, включая их относительное количество, распределение, посттрансляционные модификации, функции и взаимодействие с другими макромолекулами, в данной клетке или организме в определенной среде и на определенной стадии клеточного цикла.

Ученые проявляют большой интерес к протеомике, поскольку она дает гораздо более полное представление об организме, чем геномика

1. Уровень транскрипции гена дает лишь приблизительную оценку уровня его

экспрессии в белок. МРНК, продуцируемая в большом количестве, может быстро деградировать или транслироваться неэффективно, в результате чего образуется небольшое количество белка.

2. Многие белки подвергаются посттрансляционным модификациям, которые существенно влияют на их активность. Для изучения посттрансляционных модификаций используются такие методы, как фосфорная протеомика и гликолевая протеомика.

3. Многие транскрипты дают начало более чем одному белку за счет альтернативного сплайсинга или альтернативных посттрансляционных модификаций

4. Многие белки образуют комплексы с другими белками или молекулами РНК и функционируют только в присутствии этих молекул.[123]

Методы протеомного анализа

Для оценки **протеома** клетки существует несколько различных методов.[76]

1) <u>Двумерный гель-электрофорез (2DE)</u> - позволяет визуализировать сотни белков одновременно. Он основан на изоэлектрической фокусировке в одном[st] измерении для разделения белков в соответствии с их изоэлектрической точкой и последующем SDS-PAGE во втором измерении для разделения белков в соответствии с их молекулярной массой.

2) <u>Технология многомерной идентификации белков (MUDPIT)</u> - использует жидкостную хроматографию для разделения пептидов, полученных из белков, вместо того, чтобы сначала разделять сами белки.

3) <u>Масс-спектрометрия -</u> наиболее часто используемый метод. С помощью масс-спектрометрии для идентификации белков составляются эталонные карты.

4) Альтернативными методами являются анализ N-концевых аминокислот или вестерн-блоттинг

ПРОТЕОМИКА И СТОМАТОЛОГИЯ

Протеомика быстро стала одним из наиболее интересных направлений исследований в современной стоматологии. Две основные области, в которых стоматологическая протеомика действительно проявила себя, - это диагностика слюны, т.е. диагностика ротовой жидкости или биомаркеров ротовой жидкости, и протеомика костных и эмалевых структур, особенно зубной эмали.

Протеомные биомаркеры слюны

Анализ протеома слюны человека важен для понимания состояния здоровья полости рта и патогенеза заболеваний (табл. 14). С помощью методов двумерного гель-электрофореза/масс-спектрометрии и _shotgun_ протеомики в цельной слюне человека было идентифицировано 309 различных белков.

После трех лет коллективной идентификации и каталогизации протеома слюны в рамках трех проектов по изучению протеома слюны, осуществляемых при поддержке Национального института стоматологических и черепно-лицевых исследований (NIDCR), был составлен первый полный профиль секреторного протеома слюны. Всего было идентифицировано 1 166 белков слюны: 914 из околоушной жидкости и 917 из объединенной подчелюстной и подъязычной жидкостей.[37] **Биомаркеры протеома слюны при заболеваниях пародонта [табл. 14].**

Специфические протеомные биомаркеры слюны были идентифицированы для трех ключевых характеристик, а именно патогенного процесса - воспаления, деградации коллагена и оборота костной ткани. Врожденные защитные реакции хозяина запускаются бактериальным ЛПС и другими микробными компонентами и продуктами (например, бактериальной ДНК). В результате к месту воспаления рекрутируются ПМЯЛ, моноциты и активированные макрофаги, выделяющие многочисленные цитокины, такие как PGE2, TNF, интерлейкины IL-1 и IL-6, которые направляют дальнейший воспалительный процесс (рис. 9).

Вследствие этого в альвеолярной кости и ПМЯЛ вырабатываются ММП, являющиеся мощными ферментами, разрушающими коллаген. Затем в окружающее пространство высвобождаются CTP и остеокальцин, которые через GCF транспортируются в пародонтальный карман. Было показано, что множество медиаторов в этом процессе коррелируют с началом и активностью заболевания и поэтому могут иметь диагностическое значение (рис. 10).[54,144]

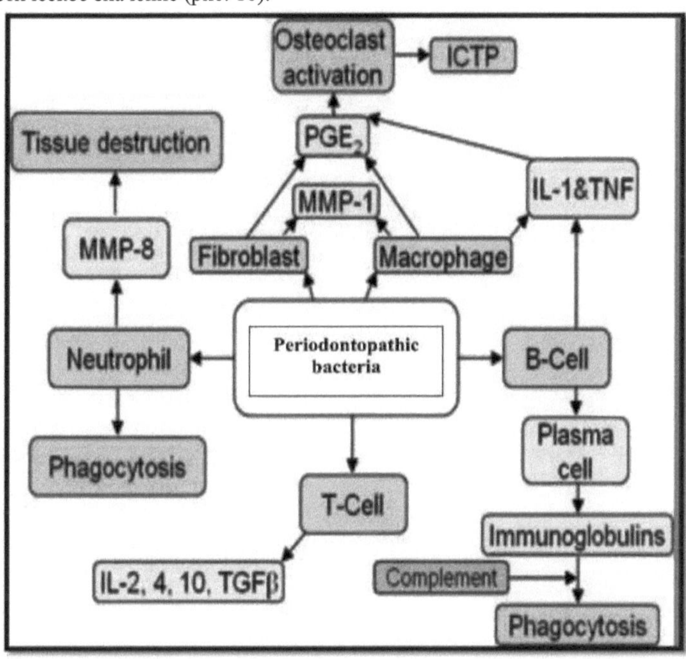

Рисунок 9: *Блок-схема с указанием клеток, ферментов, иммуноглобулинов и других потенциальных*
протеомные биомаркеры заболеваний пародонта и их участие в их патогенезе.
MMP - матричная металлопротеиназа; IL - интерлейкин; TGF - трансформирующий фактор роста;
TNF - фактор некроза опухоли; PGE2 - простагландин E2; ICTP - пиридинолиновый сшитый
карбокситерминальный телопептид.[144]

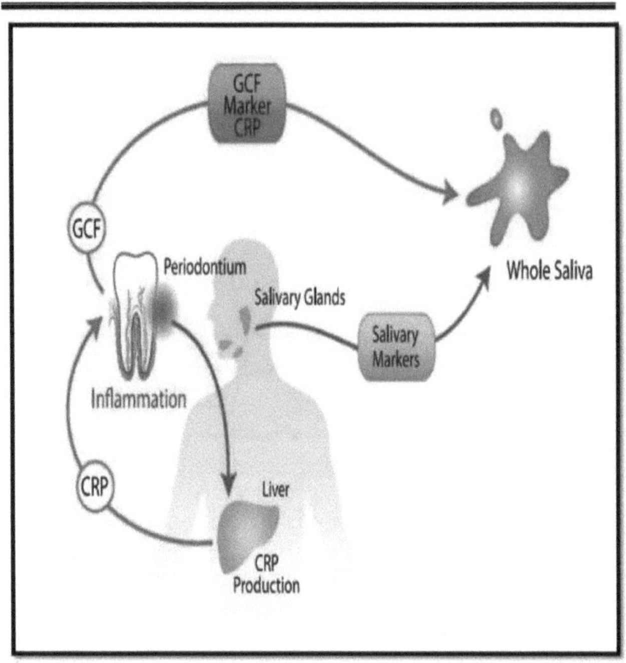

Рисунок 10: *Схематическое изображение стимуляции CRP (С-реактивного белка)*
в
печени пародонтологическими патогенами и его последующего высвобождения в
GCF (
жидкость
десневой щели
) и цельную слюну соответственно.[37]

Таблица 14: *Протеомные биомаркеры слюны в пародонтологии.*[54]

Альфа-глюкозидаза	Иммуноглобулины - IgM, IgA, IgG	Миелопероксидаза
Кислая фосфатаза	Kallikrein	Остеокальцин
Щелочная фосфатаза	Кининаза	Остеонектин
Аминопептидазы	Лактоферрин	Остеопонтин
Аспартат аминотрансферазы	Лактотрансферрин	PAF
в-галактозидаза	LDH	PDGF
в-глюкозидаза	Лизоцим	CTP
в-глюкуронидаза	MMP-13,8,9	Катепсин B
Кальпротектин	MMP-1,2,3	CD14
Каприлат, эстераза липазы	Пероксидаза	Цистатины
Эстераза	Эпидермальный фактор роста	Эластаза
Фибронектин	Цистатин	Трипсин
Желатиназа,	CRP	VEGF

Знание биологического процесса необходимо для разработки новых диагностических тестов, позволяющих локализовать участки с активным заболеванием и прогнозировать дальнейшее прогрессирование болезни.[127]

В медицине широко используется POC-диагностика на основе ротовой жидкости, а в последнее время она используется как потенциальный "стульчак" для определения заболеваний полости рта.[128] Развитие микрофлюидических подходов и обнаружение молекул-биомаркеров в полости рта с помощью современных методов, таких как ПЦР для РНК и ДНК и ИФА для белков, делает POC-методы диагностики на основе ротовой жидкости реальностью.[39] POC-диагностика в скором времени произведет революцию в диагностике и терапии пародонтита.

Принципы работы этих новых диагностических тестов во многом основаны на выявлении маркеров активности заболевания. Термин "маркеры заболевания" в основном включает три отдельные категории: (1) индикаторы текущей активности заболевания; (2) предикторы прогрессирования заболевания в будущем; (3) предикторы начала будущего заболевания на здоровом в данный момент участке. Важно также определить понятие "болезнь", чтобы отделить гингивит от деструктивного периодонтита[19]

Высокая специфичность и чувствительность - важнейшие требования к хорошему диагностическому маркеру, который можно было бы использовать в кабинете или в домашних условиях. Широкое распространение, простота, степень надежности и относительная дешевизна домашнего теста на беременность - это путь, по которому следует идти в пародонтологии.[75]

Новые технологии, такие как "лаборатория-на-чипе" и микрофлюидические устройства, стали большой надеждой в управлении ротовой жидкостью, такой как слюна и десневая жидкость, а также в определении профиля риска заболеваний пародонта, текущей активности заболевания и ответа на терапевтические вмешательства.[39]

Использование слюны для диагностики в пунктах оказания медицинской помощи: Слюна обладает рядом преимуществ: она легкодоступна, содержит богатый набор диагностических биомаркеров, неинвазивный метод отбора проб и возможность получения быстрых и надежных результатов. Однако одним из основных ограничений использования слюны является то, что по сравнению со слюной и сывороткой крови информативные аналиты обычно присутствуют в меньшем количестве, поэтому анализ должен быть высокочувствительным.[85]

Таблица 15: *Коммерчески доступные средства диагностики в местах оказания медицинской помощи.*[124]

Наборы для тестирования	Функции
Наносенсорное тестирование ротовой жидкости	Обнаружение нескольких слюнных белков и нуклеиновых кислот.
Электронные вкусовые чипы	Одновременный мониторинг нескольких биомаркеров, связанных с заболеваниями пародонта
OraQuick	Обычно выявляет ВИЧ 1 и ВИЧ 2
Интегрированная микрофлюидная	Количественная оценка биомаркера

платформа для диагностики полости рта	заболеваний полости рта

Биохимический тест [табл. 15]:

a.   Испытание наносенсора для **ротовой жидкости:**

В лаборатории совместных исследований по диагностике рака полости рта Калифорнийского университета в Лос-Анджелесе (UCLA) под руководством доктора Дэвида Вонга [23, 13] разработано новое устройство РОС для выявления рака полости рта в слюне. Это автоматизированное устройство РОС, предназначенное для электрохимического определения нескольких белков и нуклеиновых кислот слюны. Это сверхчувствительная и сверхспецифическая микроэлектромеханическая система, которая одновременно и точно определяет эти белки и нуклеиновые кислоты. Продукт называется Oral Fluid Nano Sensor Test (OFNASET) (рис. 11).

В этой системе определяются четыре слюнных биомаркера мРНК (SAT, ODZ, IL-8 и IL-1b) и два слюнных протеомных биомаркера (тиоредоксин и IL-8) в слюне [19]. Фактически OFNASET является скрининговым устройством для выявления рака полости рта.[140]

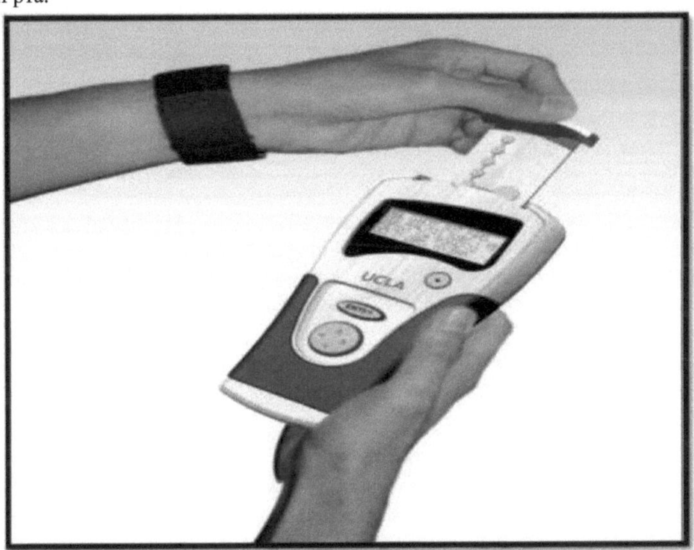

Рисунок 11: *Наносенсорный тест для определения уровня белков и нуклеиновых кислот в ротовой жидкости - портативная, автоматизированная, простая в использовании интегрированная система, позволяющая одновременно и быстро определять множество белков и нуклеиновых кислот в слюне.*

b.   Электронные вкусовые чипы: Исследователи из Университета Райса в Хьюстоне (штат Техас) разрабатывают систему "лаборатория на чипе", которая позволит различать здоровых и больных пародонтозом людей по уровню CRP [19]. Эта детекторная система на основе микрочипа используется для измерения аналитов (кислот, оснований, электролитов и белков) в фазе раствора. Эта новая система получила название Electronic Taste Chip (ETC).[17]

Использование оптимизированных приборов для наблюдения за состоянием пародонта, вероятно, потребует меньшей подготовки и меньших ресурсов, чем существующие диагностические тесты, может привести к более эффективному использованию квалифицированных врачей для более простого и менее интенсивного лечения и, возможно, к более экономически эффективному оказанию медицинской помощи (рис. 12).

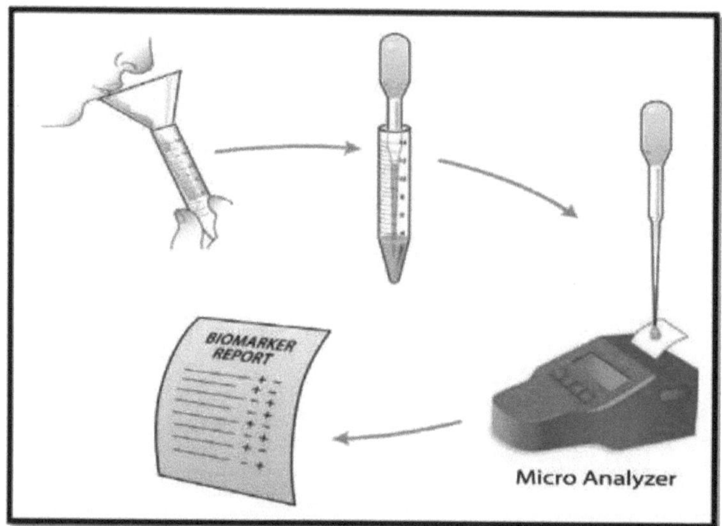

Рисунок 12: Стратегия отбора и анализа проб ротовой жидкости с помощью экспресс-устройства "точка-обслуживания" или "лаборатория-на-чипе" для составления отчета о биомаркерах заболеваний пародонта.[17]

c. **Ora Quick:** Для ускорения скрининга и точной диагностики ВИЧ-инфекции были разработаны экспресс-тесты РОС на ВИЧ [25]. которые позволяют получить результат через 20 минут. Диагностируемая жидкость смешивается в пробирке с проявляющим раствором, и результаты выводятся на тестовый прибор. Это устройство представляет собой палочку с тканевым тампоном на одном конце, который вставляется в пробирку с исследуемой жидкостью [19]. Ora Quick® - первый одобренный FDA тест на ВИЧ-1 и ВИЧ-2 с использованием орального мазка в домашних условиях.[101]

d. **Интегрированная микрофлюидная платформа для диагностики заболеваний полости рта (IMPOD):** IMPOD, диагностический тест РОС, помогает быстро количественно определять биомаркеры слюны, связанные с заболеваниями полости рта. Она позволяет проводить анализ слюны без использования рук, объединяя предварительную обработку образца с электрофоретическим иммуноанализом для быстрого измерения концентраций аналитов в минимально подготовленных образцах слюны. Возможно быстрое измерение уровня фермента MMP-8, расщепляющего коллаген, в слюне здоровых и больных пародонтозом людей.[106] **Микробиологический тест**

a. **My Perio Path:** My Perio Path выявляет в образцах слюны патогенные микроорганизмы, вызывающие заболевания пародонта. Этот тест использует полимеразную цепную реакцию ДНК для определения типа и концентрации бактерий, присутствующих в образце слюны [16].

b. Omni gene: Omni gene Diagnostics, Inc. представляют собой видоспецифичные ДНК-зонды для выявления восьми патогенов, которые, как известно, вызывают заболевания пародонта (Porphyromonas gingivalis, Prevotella intermedia, Aggregatibacter actinomycetem-comitans, Fusobacterium nucleatum, Eikenella corrodens, Campylobacter rectus, Bacteroides forsythus и Treponema denticola). Преимущество использования этих наборов заключается в том, что результаты можно получить в короткие сроки и отправить врачу по почте или факсу. [99] **Генетический тест**

a. My Perio ID: My Perio ID определяет генетическую предрасположенность пациента к заболеваниям пародонта с помощью образцов слюны, которые отправляются в лабораторию для получения результатов. Этот тест позволяет определить пациентов, которые подвержены повышенному риску разрушения пародонта. [16]

Использование GCF в точечной диагностике: GCF можно часто использовать для определения биомаркеров, поскольку его легко получить из полости рта. **Chapple I** указал на преимущества использования GCF: "Биомаркеры, обнаруженные в GCF, указывают на наличие или отсутствие пародонтальных патогенов, воспаление десны и пародонта, воспалительно-иммунный ответ хозяина на специфические патогенные виды и разрушение тканей хозяина".

Недостатки использования GCF заключаются в том, что оно требует многократного взятия образцов из отдельных участков зуба и длительной лабораторной обработки, что делает его дорогостоящим и трудоемким. [15]

Таблица 16: *Коммерческие наборы, использующие GCF.* [124]

Наборы для тестирования	Ферменты
Periogard	ACT
Карманные часы	ACT
Periocheck	Коллагеназа (нейтральная протеаза)
Прогностик (Dentsply), Биолиз	Эластаза (сериновая протеаза)
Метод дипстича MMP	MMP

Биохимический тест (табл. 16):

a. Perio Gard: Аспартат-аминотрансфераза (ACT), которая выделяется при гибели клеток, является основным ферментом, определяемым прибором Perio Gard (рис. 13). При заболеваниях пародонта вследствие гибели клеток повышается уровень ACT, что служит положительным маркером активных участков[104,13] Тест содержит по две лунки для каждого зуба и химического вещества.[103] Однако на практике анализ Periogard представляет собой достаточно сложный процесс, включающий множество этапов и имеющий трудности с измерением цвета.

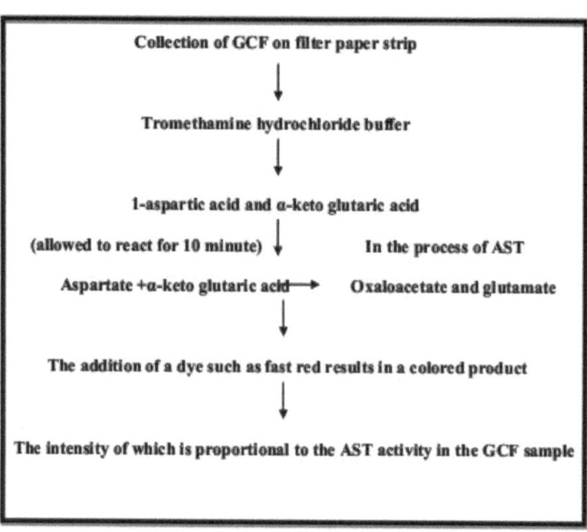

Сбор GCF на полоску фильтровальной бумаги
Трометамин гидрохлорид буферный
1-аспарагиновая кислота и а-кетоглутаровая кислота
(реакция длится 10 минут) |В   процессе АСТ
Аспартат +а-кетоглутаровая кислотаОксалоацетат   и глутамат
Добавление красителя, например, быстрого красного, приводит к получению цветного продукта
Интенсивность которого пропорциональна активности АСТ в образце ГЦФ
Рисунок 13: *Принцип действия Periogard.*[124]

b.   Карманные часы: Карманные часы - это стул для анализа уровня АСТ[119]. Принцип: АСТ выступает в роли катализатора при обмене аминогруппы цистеиновой серной кислоты на а-кето-глутаровую кислоту с образованием в-сульфинилпирувата в присутствии пиридоксальфосфата. При спонтанном распаде глутамата в-сульфинилпирувата выделяется неорганический сульфит. Образующийся при этом сульфит-ион реагирует с малахитовым зеленым (MG), который переводит зеленый краситель в бесцветную форму, тем самым проявляя окрашенный в розовый цвет краситель родамин В.[124]

c.   Perio Check: Perio check - это продукт, одобренный Управлением по контролю качества пищевых продуктов и лекарственных средств США (FDA) (рис. 14): Принцип работы Perio check. Perio check - это самый быстрый тест для выявления нейтральных протеаз в GCF, таких как эластазы, протеиназы и коллагеназы, однако он имеет ряд недостатков, таких как невозможность отбора проб из межпроксимальных участков из-за загрязнения слюной, неспецифичность теста для коллагеназы PMNL и возможность включения ферментов бактериального происхождения.[14]

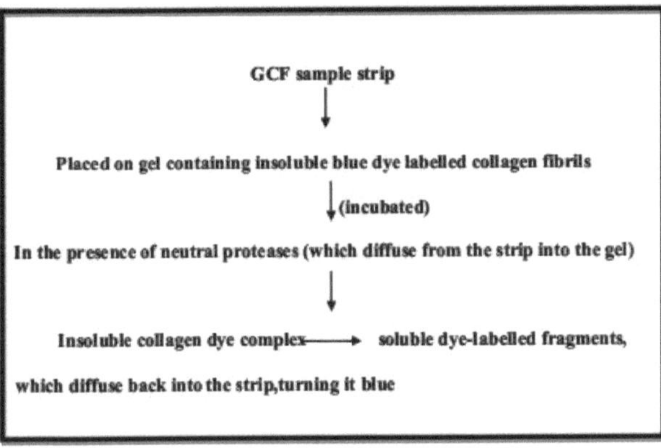

Полоса образцов GCF

Помещение на гель, содержащий нерастворимый синий краситель, меченый коллагеновыми фибриллами (инкубация)

В присутствии нейтральных протеаз (которые диффундируют из полоски в гель)

Нерастворимый комплекс коллагенового красителя▶ растворимые фрагменты, меченные красителем,

которые диффундируют обратно в полосу, окрашивая ее в синий цвет

Рисунок 14: *Принцип работы Periocheck*.[124]

Prognostik:

Prognostik, разработанный в 1993 году, измеряет уровень ММП, таких как эластазы, в ГКФ (рис. 15). Активные очаги заболевания приводят к повышению уровня эластаз в ГЦК, высвобождающихся из лизосом полиморфноядерных лейкоцитов [4]

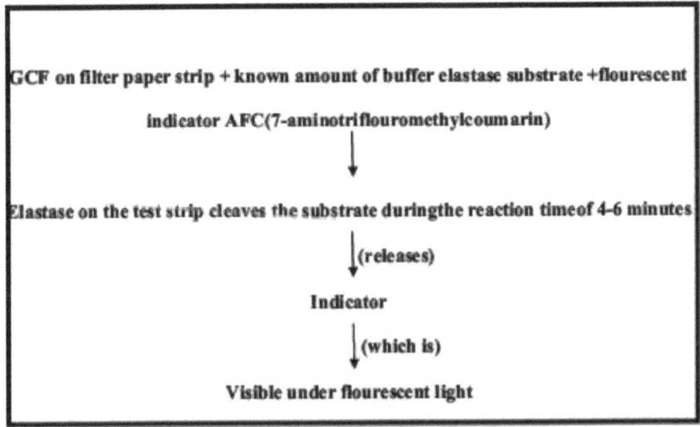

GCF на полоске фильтровальной бумаги + известное количество буферного субстрата эластазы + флуоресцентный

индикатор AFC(7-аммотрифлурометилкумарин)

Эластаза на тест-полоске расщепляет субстрат за время реакции 4-6 минут | (релизы)

Индикатор

| (что является)

Виден под люминесцентным светом

Figure 15:   *Принцип прогностики.*[124]

d. Дипстик тест на ММП: ММП - это протеиназы хозяина, играющие важную роль в развитии пародонтита и заболеваний околоимплантационной области зубов. Это является основой для разработки качественных и количественных технологий РОС, которые позволят быстро обнаружить патологически повышенный уровень ММП-8 в ротовой жидкости и сыворотке крови. Моноклональные антитела к ММП-8 используются в иммунных тестах для анализа ММП-8 в ротовой жидкости и сыворотке крови.[66]

Микробиологический тест KITS

Значительное развитие получили методы выявления пародонтопатогенов в образцах зубного налета [табл. 17].

Таблица 17: *Другие коммерчески доступные наборы для выявления бактериальных протеаз.*[124] .

Test kits	Bacteria and their products
Perioscan (BANA test) Oral B lab	Trypsin like protease
Evalusite (Kodak)	P. gingivalis, P. intermedia, A. actino-mycetemcomitans
Perioscan/ Diamond probe/Probe 2000 system	For volatile sulphur compounds
TOPAS	Bacterial toxins and protease

a. Периоскан (BANA): P. gingivalis, T. denticola, T. forsythia и некоторые штаммы Capnocytophaga продуцируют в зубном налете бактериальные трипсиноподобные протеазы, которые могут быть обнаружены с помощью прибора Perioscan (рис. 16). [66,72]

Конъюгированный с субстратом N-бензоил-d-1-аргинин-2-нафталин (гидролизованный)

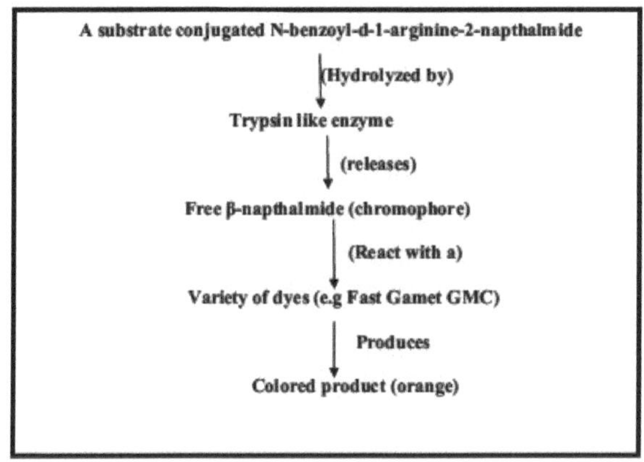

Трипсин-подобный фермент

(релизы)

Свободный в-нафталин (хромофор)

(React with a)

Разнообразие красителей (например, Fast Gamet GMC)

Производит

Цветной продукт (оранжевый)

Figure 16: *Принцип работы периоскана.*[124]

Основными недостатками этого теста являются невозможность идентификации патогенов, продуцирующих нетрипсиноподобные ферменты, и неспособность дифференцировать конкретные бактерии среди трех, продуцирующих эти ферменты.

b. Эвалюзит: Три предполагаемых пародонтопатогена (Aa, Pg и Pi) могут быть обнаружены с помощью мембранного иммуноферментного анализа "Эвалюзит" (рис. 17).

Бумажная точка, содержащая субгингивальный образец

(Добавлено в)

Пробирка с образцом

Размещено в комплекте

Затем элюент добавляется в набор, в котором используется ИФА типа "сэндвич".

При наличии тест-организма появляется розовое пятно

Figure 17: *Принцип действия эвалюсита.*[124]

Субъективная оценка цвета является одним из основных недостатков этого теста. Кроме того, предположение о том, что три обнаруженные бактерии являются единственными возбудителями заболевания, ограничивает его применение.[81]

c. Perio 2000: Деградация сывороточных белков (цистеина и метионина) приводит к образованию летучих сульфидных соединений (ЛСС) под воздействием микроорганизмов, таких как P. gingivalis,

P. intermedia и T. forsythia. Оценка VSC свидетельствует о субгингивальной микробной нагрузке, так как она играет роль в деградации структур пародонта, усугубляя пародонтит. Система Perio 2000 отображает уровень сульфидов в цифровом виде на каждом участке. Стерильный промывочный раствор используется для увлажнения наконечника, затем в режиме пика или удержания он вводится под десну. После получения показаний наконечник промывается и вставляется в другой поддесневой участок.

d. Toxicity Prescreening Assay (TOPAS): TOPAS - это набор для косвенного определения бактериальных токсинов и бактериальных белков, которые являются одним из маркеров наличия инфекции в десне. Принцип действия этого теста основан на обнаружении активно делящихся и растущих патогенов, которые можно оценить по метаболической активности этих организмов в щелевой жидкости. С помощью этого теста можно отличить активный пародонт от неактивного, на что указывает изменение интенсивности цветовой шкалы теста, основанное на том, что метаболическая активность увеличивается при повышении концентрации этих токсинов.[107]

ГЛАВА 6

Здоровье полости рта имеет большое значение для общего здоровья и благополучия на всех этапах жизни.

Здоровая полость рта обеспечивает питание физического тела, улучшает социальное взаимодействие и способствует повышению самооценки и чувства благополучия. Ротовая полость служит "окном" для остального организма, подавая сигналы об общих нарушениях здоровья. Состояние полости рта и пародонта оказывает влияние на общее состояние здоровья и болезни. Бактерии из полости рта могут вызывать инфекцию в других частях тела, когда иммунная система ослаблена болезнью или медицинским лечением (например, инфекционный эндокардит). Известно, что системные заболевания и их лечение также влияют на здоровье полости рта (например, уменьшение потока слюны, изменение баланса микроорганизмов в полости рта).

Достижения в области генетики и молекулярной биологии позволили расширить наши знания о клеточных механизмах, которые дают представление о патофизиологических процессах, превращающих здоровые эпителиальные клетки в раковые. Потенциальные биомаркеры и терапевтические мишени могут быть исследованы для выявления генетических сигнатур, которые могут быть использованы для ранней диагностики, персонализации лечения и, наконец, прогноза для отдельных пациентов.

В настоящее время используются многочисленные биомаркеры, в том числе циркулирующая опухолевая ДНК (цтДНК), микро РНК, внеклеточные везикулы, циркулирующие опухолевые клетки и гиперметилирование рецептора эндотелина типа В [14,15]. Слюна содержит более двух тысяч белков, ферментов, электролитов, малых органических молекул и антимикробных веществ. Вся слюна содержит компоненты плазмы крови, слущенные эпителиальные клетки, микроорганизмы и продукты их жизнедеятельности, десневую щелевую жидкость, мусор и выделения из носоглотки. В контексте заболеваний полости рта исследования, идентификация и использование биомаркеров слюны ведутся для многих состояний.

В последнее время все большее число сообщений в литературе привлекает внимание к некоторым инициативам по исследованию слюны, основная цель которых - сформировать растущее понимание важности слюны для общего здоровья и для диагностики заболеваний полости рта, а также призвать ученых и лидеров в области стоматологии к действию, чтобы получить преимущества скрининговых тестов слюны, полезных для раннего выявления заболеваний полости рта, которые, безусловно, помогут стратифицировать риск пациента и снизить глобальное бремя в соответствии с подходом **"персонализированной медицины".**

Становится все более очевидным, что решение этой задачи по улучшению здоровья полости рта во всем мире потребует более тесного и активного взаимодействия между секторами стоматологической отрасли и принятия подхода, направленного на снижение глобального бремени заболеваний в целом.[52]

ЗАКЛЮЧЕНИЕ

Биомаркеры служат широкому кругу целей в разработке лекарственных средств, клинических испытаниях и стратегиях терапевтической оценки. Биомаркеры могут служить основой для отбора ведущих кандидатов для клинических испытаний, способствовать пониманию фармакологии кандидатов и характеризовать подтипы заболеваний, для которых терапевтическое вмешательство является наиболее подходящим. Оценка стратегий вмешательства в болезнь может быть облегчена и усилена использованием соответствующих биомаркеров, измеряющих биологические параметры болезни и терапевтического ответа у человека.

Исследователи в области биотехнологий и медицины в настоящее время изучают возможности использования ротовой жидкости для диагностики заболеваний полости рта и системных заболеваний, а также для разработки лекарственных препаратов. В фармацевтической промышленности активно разрабатываются биомаркеры для использования в индивидуальном дозировании и исследованиях метаболизма лекарств. Специалисты в таких, казалось бы, несвязанных областях, как страховая индустрия, Агентство по охране окружающей среды и Национальная безопасность, заинтересованы в возможном использовании ротовой жидкости для мониторинга биомаркеров. В настоящее время изучается возможность использования GCF и слюны для предварительного скрининга на воздействие биологических/химических боевых агентов, обнаружения токсинов в окружающей среде и скрининга метаболитов наркотиков, вызывающих злоупотребление.

В то же время этот эволюционный процесс способствовал открытию новых биомаркеров и разработке новых терапевтических подходов, в основном использующих модуляцию хозяина. Очевидно, что ни один маркер не будет отвечать всем критериям, необходимым для оценки клинического состояния пародонта, и дальнейшие исследования должны быть направлены на создание "маркерных пакетов". Разработка широкого спектра маркерных факторов станет основной задачей пародонтологических исследований.

Благодаря процессу обнаружения биомаркеров были разработаны новые терапевтические средства, объединяющие терапевтические и диагностические подходы, особенно в области хост-модулирующих препаратов для лечения заболеваний пародонта. Кроме того, в настоящее время для оценки риска и комплексного скрининга биомаркеров доступны новые диагностические технологии, такие как микрочипы и микрофлюидика.

В последние годы различными исследовательскими группами были разработаны биохимические и иммунореактивные тесты для определения активности ММП в ГКФ, в частности для дифференциации стабильных и прогрессирующих поражений пародонта. По мнению авторов, количественное определение активности ММП в ГКФ может позволить улучшить оценку состояния пародонта и ответа на лечение.

Большинство исследований, посвященных изучению маркеров заболеваний пародонта, проводились в виде перекрестных исследований. Трудно интерпретировать значение этих немногочисленных поперечных отчетов, в которых изучались уровни тех или иных маркеров в GCF или слюне. Поэтому для поиска надежного маркера (маркеров) для диагностики пародонтита и определения риска развития пародонтита необходимо проведение продольных хорошо контролируемых клинических исследований.

БИБЛИОГРАФИЯ

1. **Агравал П., Саникоп С., Патил С.** Новые разработки инструментов для пародонтологической диагностики. *Международный стоматологический журнал. 2012;62(2):57-64.*

2. **Akkaya H U, Yilmaz HE, Narin F, Saglam M.** Оценка уровня галектина-3, пептидил аргинин деиминазы-4 и фактора некроза опухоли-а в десневой щелевой жидкости для определения состояния пародонта, гингивита и пародонтита III стадии степени С: Пилотное исследование. *Journal of clinical periodontology. 1983; 31:24-30.*

3. **Alpagot T, Bell C, Lundergan W, Chambers DW, Rudin R.** Longitudinal evaluation of GCF MMP-3 and TIMP-1 levels as prognostic factors for progression of periodontitis. *Journal of clinical periodontology. 2001;28(4):353-9.*

4. **Armitage GC, Jeffcoat MK, Chadwick DE, Taggart Jr EJ, Numabe Y, Landis JR, Weaver SL, Sharp TJ.** Продольная оценка эластазы как маркера прогрессирования пародонтита. *Journal of Periodontology. 1994 Feb;65(2):120-8.*

5. **Armitage GC.** Анализ десневой щелевой жидкости и риск прогрессирования пародонтита. *Пародонтология 2000. 2004;34(1):109-19*

6. **Armitage GC.** Анализ жидкости десневой щели при прогрессировании пародонтита. *Пародонтология 2000 2004; 34:109-119.*

7. **Baltacioglu E, Kehribar MA, Yuva P, Alver A, Atagun OS, Karabulut E, Akalin FA.** Общий оксидантный статус и биомаркеры костной резорбции в сыворотке крови и десневой щелевой жидкости пациентов с пародонтитом. *Journal of periodontology. 2014 ;85(2):317-26.*

8. **Binder TA, Goodson JM, Socransky SS.** Уровни кислой и щелочной фосфатазы в десневой жидкости. *J Periodontal Res 1987;22:14-19.*

9. **Birt Spilker, Atkinson Jr AJ, Colburn WA, DeGruttola VG, DeMets DL, Downing GJ, Hoth DF, Oates JA, Peck CC, Schooley RT.** Биомаркеры и суррогатные конечные точки библиографии: предпочтительные определения и концептуальные основы. *Clinical pharmacology & therapeutics. 2001;69(3):89-95.*

10. **Bowers MR, Fisher LW, Termine JD, Somerman MJ.** Белки, ассоциированные с соединительной тканью, в щелевой жидкости: Потенциальные маркеры заболеваний пародонта. *J Periodontol 1989;60;448-451.*

11. **Buduneli N, Biyikoglu B, Sherrabeh S, Lappin DF.** Концентрация RANKL и остеопротегерина в слюне у курящих и некурящих пациентов с хроническим периодонтитом. *J. Clin. Periodontol 2008;35(10):846-852.*

12. **Cao CF, Smith QT.** Миелопероксидаза кревикулярной жидкости у здоровых, больных гингивитом и пародонтитом. *J Clin Periodontol 1989;16:17-20.*

13. **Chambers D, Imrey P, Cohen R, Crawford J, Alves M, Mcswiggin T.** A longitudinal study of aspartate aminotransferase in human gingival crevicular fluid. *J Periodont Res. 1991;26: 65-74.*

14. **Chapple I, Matthews J, Thorpe G, Glenwright H, Smith J, Saxby M.** A new ultrasensitive chemiluminescent assay for the site-specific quantification of alkaline phosphatase in gingival crevicular fluid. *J Periodont Res. 1993;28:266-73.*

15. **Chapple IL.** Диагностика и лечение пародонтита - где будущее? *Periodontology 2000. 2009;51(1):9-24.*

16. **Chepuri T, Gooty JR, Durvasala S, Palaparthi R**. Chair side diagnostic test kits in periodontics. *Indian J Dent Adv. 2015;7:41-45.*

17. **Christodoulides N, Tran M, Floriano PN, Rodriguez M, Goodey A, Ali M.** Мультианалитическая система на основе микрочипа для оценки кардиологического риска. *Anal Chem. 2002; 74: 3030-36.*

18. **Cuesta-Herranz J, de las Heras M, Fernandez M, Lluch M, Figueredo E, Umpierrez A, Lahoz C.** Аллергическая реакция, вызванная местноанестезирующими средствами Библиография, относящаяся к группе амидов. *Journal of allergy and clinical immunology. 1997;99(3):427-8..*

19. **Curtis MA, Gillett IR, Griffiths GS, Maiden MF, Sterne JA, Wilson DT**. Выявление групп и лиц с высоким риском развития заболеваний пародонта: Лабораторные маркеры по результатам анализа десневой щелевой жидкости. *J Clin Periodontol. 1989; 16:0111.*

20. **Daudu OU, Ajiboye M, Ajala S, Buru ME.** IOSR *Journal of Dental and Medical Sciences. 2017;16(5):34-35.*

21. **De Lima CL, Acevedo AC, Grisi DC, Taba Jr M, Guerra E, De Luca Canto G.** Host-derived salivary biomarkers in diagnosing periodontal disease: Систематический обзор и мета-анализ. *Journal of Clinical Periodontology. 2016;43(6):492-502.*

22. **Delange N, Lindsay S, Lemus H, Finlayson TL, Kelley ST, Gottlieb RA.** Заболевания пародонта и их связь с системными биомаркерами сердечно-сосудистых заболеваний у молодых американских индейцев/коренных жителей Аляски. *Journal of periodontology. 2018;89(2):219-27.*

23. **Депледж М.Х.** Рациональная основа использования биомаркеров в качестве экотоксикологических инструментов. *In Nondestructive biomarkers in vertebrates 2020;29:271-29).*

24. **Ebersole JL, Nagarajan R, Akers D, Miller CS.** Целевые слюнные биомаркеры для дискриминации пародонтального здоровья и болезни (c). *Frontiers in cellular and infection microbiology. 2015;19(5):62.*

25. **Eley BM, Cox SW.** Двухлетнее продольное исследование эластазы в десневой щелевой жидкости и потери пародонтального прикрепления. *J Clin Periodontol 1996;23:681-692.*

26. **Eley BM, Cox SW.** Корреляция между активностью дипептидилпептидаз II и IV в десневой щелевой жидкости и потерей прикрепления в пародонте. Двухлетнее продольное исследование у пациентов с хроническим пародонтитом. *Oral Dis 1995;1:201213.*

27. **Eley BM, Cox SW.** Взаимосвязь между активностью катепсина B в десневой щелевой жидкости и потерей пародонтального прикрепления у пациентов с хроническим пародонтитом. Двухлетнее продольное исследование. *J Periodontal Res 1996;31:381-392.*

28. **Eley BM, Manson JM.** Диагностические тесты активности заболевания. В книге: Б. М. Элей, Дж. М. Мэнсон: *Periodontics. 5 Edn. Elsevier, p.161-188.*

29. **Embery G, Oliver WM, Stanbury JB, Purvis JA.** Электрофоретическое определение кислых гликозаминогликанов в жидкости десневой борозды человека. *Arch Oral Biol 1982;27:177-179.*

30. **Fine DH, Markowitz K, Furgang D, Fairlie K, Ferrandiz J, Nasri C, McKiernan M,**

Donnelly R, Gunsolley J. Macrophage inflammatory protein-1a: a salivary biomarker of bone loss in a longitudinal cohort study of children at risk for aggressive periodontal disease? *Journal of periodontology. 2009 ;80(1):106-13.*

31. **Франк Р., Харгривз Р.** Клинические биомаркеры в открытии и разработке лекарств. *Nature reviews Drug discovery. 2003;2(7):566-80.*

32. **Frodge BD, Ebersole JL, Kryscio RJ, Thomas MV, Miller CS.** Биомаркеры ремоделирования костной ткани при заболеваниях пародонта в слюне. *J. Periodontol2008;79(10):1913--1919.*

33. **Fujise O, Hamachi T, Inoue K, Miura M, Maeda K.** Микробиологические маркеры для прогнозирования и оценки результатов лечения после нехирургической пародонтологической терапии. *Journal of periodontology. 2002 ;73(11):1253-9.*

34. **Genco RC, Zambon JJ, Christersson LA.** Использование и интерпретация микробиологических анализов при заболеваниях пародонта. *Oral microbiol and immunol 1986;1:73-79*

35. **Genco RJ.** Реакции хозяина при заболеваниях пародонта, современные представления. *J Periodontol 1992;63:338-355.*

36. Генетические биомаркеры в диагностике заболеваний пародонта. InPeriodontal DiseaseDiagnostic and Adjunctive Non-surgical Considerations 2019 Nov 11.

37. **Giannobile WV, Beiklert, Kinney JS, Ramseier CA, Morelli M, Wong DT.** Слюна как инструмент диагностики заболеваний пародонта: современное состояние и будущие направления. *Пародонтология 2000 2009;50:52-64*

38. **Giannobile WV, Lynch SE, Denmark RG, Paquette DW, Fiorellini JP, Williams RC.** Остеокальцин из кревельной жидкости и пиридинолиновый сшитый карбокситерминальный телопептид коллагена I типа (ICTP) как маркеры быстрого оборота костной ткани при пародонтите. *J Clin Periodontol 1995;23:903-910*

39. **Giannobile WV, McDevitt JT, Niedbala RS, Malamud D**. Translational and clinical applications of salivary diagnostics. *Adv Dent Res. 2011;23:375-80*

40. **Giannobile WV.** Биомаркеры кревикулярной жидкости при потере костной ткани в полости рта. *Curr Opin Periodontol 1997;4:11-20.*

41. **Джаннобиле В.В.** Потенциальная роль факторов роста и дифференцировки в регенерации пародонта. *J Periodontol. 1996;67:545-53.*

42. **Golub LM, Lee HM, Stoner JA, Reinhardt RA, Sorsa T, Goren AD, Payne JB.** Влияние доксициклина на биомаркеры костной ткани в сыворотке крови у женщин в постменопаузе. *Journal of dental research. 2010;89(6):644-9.*

43. **Gumus P, Emingil G, Ozturk VO, Belibasakis GN, Bostanci N.** Маркеры окислительного стресса в слюне и состояние пародонта: модуляция во время беременности и после родов. *BMC infectious diseases. 2015;15(1):1-9.*

44. **Gursoy UK, Kononen E, Pussinen PJ, Tervahartiala T, Hyvarinen K, Suominen AL, Uitto VJ, Paju S, Sorsa T**. Использование слюнных маркеров, полученных от хозяина и бактерий, для выявления пародонтита: кумулятивный подход. *Disease markers. 2011;30(6):299- 305.*

45. **Haffajee AD, Socransky SS, Goodson JM.** Клинические параметры как прогноз деструктивных заболеваний пародонта. *J Clin Periodontol 1983;10:257-265.*

46. **Henderson R, Hobbie J, Landrigan P, Mattisoti D, Perera F, Pfttaer E, Silbergeld E, Wogan G.** Biological markers in environmental health research. *Environmental Health Perspectives. 1987;7:3-9.*

47. **Huynh QN, Wang S, Tafolla E, Gansky SA, Kapila S, Armitage GC**, Specific fibronectin fragments as markers of periodontal disease status. *J Periodontol 2002;73:1101-10.*

48. **Ingman T, Sorsa T, Konttinen YT, Liede K, Saari H, Lindy O,** Salivary collagenase, elastase- and trypsin-like proteases as biochemical markers of periodontal tissue destruction in adult and localized juvenile periodontitis. *Oral Microbiol Immunol. 1993;8(5):298-305.*

49. **Isaza-Guzman DM, Medina-PiedrahftaVM , Gutierrez-Henao C, Tobon-Arroyave SI.** Уровни слюнных белков NLRP3 inflammasome-related proteins как потенциальные биомаркеры клинического состояния пародонта. *Journal of periodontology. 2017;88(12):1329-38.*

50. **Ishikawa I, Cimasoni G, Ahmad-Zadeh C.** Возможная роль лизосомальных ферментов в патогенезе пародонтита: исследование катепсина D в десневой жидкости человека. *Arch Oral Biol 1972 ;17(1):111-117.*

51. **Ishikawa I, Cimasoni G.** Alkaline phosphatase in human gingival fluid and its relation to periodontitis. *Arch Oral Biol 1970;15(12):1401-1404.*

52. **Isola G.** Достижения в области биомаркеров и диагностики пародонтита и заболеваний полости рта. *Международный журнал экологических исследований и общественного здоровья. 2021;18(4):1886.*

53. **Jose NM, Kumar A, Mahendra J.** An Approach Towards Salivary Biomarkers Of Periodontal Disease-"Marker To Cease Disease". *Annals of the Romanian Society for Cell Biology. 2020: 30:477-82.*

54. **Kathariya R, Pradeep AR.** Протеомные биомаркеры слюны при заболеваниях полости рта: Обзор литературы. *AOSR 2010;1(1):43-49.*

55. **Kaufman E, Lamster IB.** Анализ слюны для диагностики пародонтита: обзор. *Journal of clinical periodontology. 2000;27(7):453-65.*

56. **Kc S, Wang XZ, Gallagher JE.** Диагностическая чувствительность и специфичность слюнных биомаркеров хозяина при заболеваниях пародонта у взрослых: систематический обзор. *Journal of clinical periodontology. 2020;47(3):289-308.*

57. **Kennett CN, Cox SW, Eley BM.** Сравнительные гистохимические, биохимические и иммуноцитохимические исследования катепсина B в десне человека. *J Periodontal Res. 1994;29(3):203-213.*

58. **Kennett CN, Cox SW, Eley BM.** Локализация активной и неактивной эластазы, ингибитора альфа-1-протеиназы и альфа-2-макроглобулина в десне человека. *J Dent Res 1995 ;74(2):667-74.*

59. **Khan ZA, Gupta BA, Nisar MN.** Биомаркеры полости рта в диагностике и прогрессировании заболеваний пародонта *"Frontiers in Life Sciences: Basic and Applied" Biology and Medicine 2011;3(2):45-52.*

60. **Хисте С.В., Ранганатх В., Ничани А.С., Раджани В.** Критический анализ биомаркеров в современной пародонтологической практике. *Journal of Indian society of periodontology. 2011;15(2):104.*

61. **Kido JI, Nakamura T, Kido R, Ohishi K, Yamauchi N, Kataoka M, Nagata T.** Кальпротектин в десневой щелевой жидкости коррелирует с клиническими и биохимическими показателями

62. **Библиографические** маркеры заболеваний пародонта. *Journal of clinicalperiodontology.1999;26(10):653- 7*

63. **Kinney JS, Morelli T, Oh M, Braun TM, Ramseier CA, Sugai JV, Giannobile WV.** Биомаркеры кревикулярной жидкости и прогрессирование заболеваний пародонта. *Journal of clinical periodontology. 2014;41(2):113-20.*

64. **Kunimatsu K, Mataki S, Tanaka H, Mine N, Kiyoki M, Hosoda K**, A crosssectional study on osteocalcin levels in gingival crevicular fluid from periodontal patients. *J PeriodontoL 1993;64(9):865-869.*

65. **Lamster IB, Oshrain RL, Harper DS, Celenti RS, Hovliaras CA, Gordon JM.** Активность **ферментов** в щелевой жидкости для выявления и прогнозирования клинической потери прикрепления у пациентов с хроническим пародонтитом взрослых. Six-month results. *J Periodontol 1988 ;59(8):516-523.*

66. **Last KS, Stanbury JB, Embery G.** Гликозаминогликаны в десневой щелевой жидкости человека как индикаторы активного пародонтита. *Arch Oral Biol. 1985;30(3):275-281.*

67. **Laughton B, Syned S, Loesche W.** Система API ZYM для идентификации Bacteroides ssp., Capnocytophagia ssp. и спирохет орального происхождения. *J Clin Microbial. 1982;15:97-127.*

68. ***Lee HJ, Kang IK, Chung CP, Choi SM.*** Поддесневая микрофлора и цитокины десневой щелевой жидкости при рефрактерном пародонтите. *J Clin Periodontol 1995 ;22(11):885-890.*

69. **Lee W, Aitken S, Sodek J, McCulloch CA.** Доказательство прямой связи между активностью коллагеназы нейтрофилов и деструкцией тканей пародонта in vivo: роль активного фермента в пародонтите человека. *J Periodontal Res 1995;30(1):23-33.*

70. **Levine ME, Kim JK, Crimmins EM.** Роль физиологических маркеров здоровья в связи между демографическими факторами и заболеваниями пародонта. *Journal of periodontal research. 2013;48(3):367-72.*

71. **Lian JB, Coutts M, Canalis E.** Исследования гормональной регуляции синтеза остеокальцина в культивируемых эмбриональных кальвариях крысы. *J Biol Chem 1985;260(15):8706-8710.*

72. **Листгартен МА.** Прямая микроскопия пародонтальных патогенов. *Oral microbial and immunol 1986;1:31-36.*

73. **Loesche W, Syed S, Stoll J.** Трипсиноподобная активность в поддесневом зубном налете: Диагностический маркер для спирохет и заболеваний пародонта? *J Periodont. 1987;58:266-73.*

74. **Loesche WT, Bretz WA, Lopatin D** Multicenter clinical evaluation of a chairide method of detecting certain periodontopathic bacteria in periodontal disease. *J Periodontol 1990;61:186-196.*

75. **Лумер ПМ.** Микробиологическая диагностика при лечении заболеваний пародонта. *Periodontology 2000. 2004 Feb 1;34(1):49-56.*

76. **Loos BG, Tjoa S.** Диагностические маркеры пародонтита, созданные хозяином: существуют ли они в десневой жидкости? *Periodontol 2000. 2005;39:53-72.*

77. **Macarthur DJ, Jaques NA.** Протеомный анализ патогенных микроорганизмов полости рта. *J Dent Res 2003; 82(11):870-876.*

78. **Makela M, Salo T, Uitto VJ, Larjava H.** Матриксные металлопротеиназы (MMP-2 и MMP-9) полости рта: клеточное происхождение и связь с состоянием пародонта. *J Dent Res 1994;73(8):1397-1406.*

79. **Mandells RL, Socranskey SS.** Селективная среда для Actinobacillus

actinomycetemcomitans и частота встречаемости этого микроорганизма при ювенильном периодонтите. *J Periodontol 1981;52:593-598.*

80. **Marsh PD.** Зубной налет как биопленка и микробное сообщество - последствия для здоровья и болезни. *В BMC Oral health 2006;6(1);1-.7.*

81. **Masada MP, Persson R, Kenney JS, Lee SW, Page RC, Allison AC.** Измерение содержания интерлейкинов-1 альфа и -1 бета в десневой щелевой жидкости: значение для патогенеза заболеваний пародонта. *J Periodontal Res 1990;25(3):156-163.*

82. **Mikx FH, Renggli HH.** Насколько целесообразны бактериологические тесты в пародонтологии? *Ned Tijdschr Tandheelkd. 1994;101:484-88.*

83. **Miller CS, Foley JD, Bailey AL, Campell CL, Humphries RL, Christodoulides N.** Современные достижения в области слюнной диагностики. *Biomark Med. 2010;4(1):171-189*

84. **Miller CS, King CP, Langub MC, Kryscio RJ,Thomas MV.** Слюнные биомаркеры имеющихся заболеваний пародонта: A cross-sectional study. *JADA 2006;137:322-329.*

85. **Miller CS, King Jr CP, Langub MC, Kryscio RJ, Thomas MV.** Слюнные биомаркеры имеющихся заболеваний пародонта: кросс-секционное исследование. *The Journal of the American Dental Association. 2006;137(3):322-9.*

86. **Миллер СМ.** Тестирование слюны: Нетрадиционный инструмент диагностики. *Clin Lab Sci. 1994;7:3944.*

87. **Мишра А., Верма М.** Биомаркеры рака: готовы ли мы к прайм-тайму? *Cancers. 2010;2(1):190-208.*

88. **Nakashima K, Roehirch N, Cimasoni G.** Osteocalcin, prostaglandin E2 и щелочная фосфатаза в десневой щелевой жидкости: их связь с состоянием пародонта. *J Clin Peridontol 1995;21:327-333.*

89. **Nieminen A, Nordlund L, Uitto VJ.** Влияние лечения на активность слюнных протеаз и гликозидаз у взрослых с прогрессирующим пародонтитом. *J Periodontol 1993 ;64(4):297-301.*

90. **Nisha KJ, Janam P, Harshakumar K.** Идентификация нового слюнного биомаркера miR-143-3p для диагностики пародонтита: исследование, подтверждающее концепцию. *Journal of periodontology. 2019;90(10):1149-59.*

91. **Offenbacher S, Heasman PA, Collins JG.** Модуляция секреции PGE2 хозяином как фактор, определяющий выраженность заболеваний пародонта. *J Periodontol 1993;64(5 Suppl):432- 444.*

92. **Offenbacher S, Odle BM, Van Dyke TE.** Использование уровня простагландина E2 в щелевой жидкости в качестве предиктора потери прикрепления в пародонте. *J Periodontal Res 1986;21(2):101-112.*

93. **Offenbacher S, Odle BM, Van Dyke TE.** Использование уровня простагландина E2 в щелевой жидкости в качестве предиктора потери прикрепления в пародонте. *J Periodontal Res 1986;21(2):101-112.*

94. **Oringer RJ, Palys MD, Iranmanesh A.** С-телопептидные пиридинолиновые сшивки (ICTP) и пародонтальные патогены, ассоциированные с эндооссальными имплантатами полости рта. *Clin Oral Implants Res 1998;9(6):365-73*

95. **Oringer RJ, Palys MD, Iranmanesh A, Fiorellini JP, Haffajee AD, Socransky SS,.** С-телопептидные пиридинолиновые сшивки (ICTP) и пародонтологические патогены, ассоциированные с концевыми костными имплантатами полости рта. *Clin Oral Implants Res 1998;9:365-73.*

96. **Озмерик Н.** Достижения в области маркеров заболеваний пародонта. *Clinical chimica acta. 2004 May 1;343(1-2):1-6.*

97. **Ozturk VO, Emingil GU, Osterwalder V, Bostanci N.** Актин-связывающий белок L-пластин: новый маркер локального воспаления, ассоциированный с пародонтитом. *Journal of periodontal research. 2015;50(3):337-46.*

98. **Page RC.** Тесты реакции хозяина для диагностики заболеваний пародонта. *J Periodontol 1992 ;63(4 Suppl):356-366.*

99. **Page RC.** Роль медиаторов воспаления в патогенезе заболеваний пародонта. *J Periodontal Res. 1991;26(3 Pt 2):230-242.*

100.**Pajnigara NG, Kolte AP, Kolte RA, Pajnigara NG.** Диагностические наборы в пародонтологии. *Международный стоматологический журнал студенческих исследований. 2016;4:25-31*

101.**Palys MD, Haffajee AD, Socransky SS,** Relationship between C-telopeptide pyridinoline cross-links (ICTP) and putative periodontal pathogens in periodontitis. *J Clin Periodontol 1998;25(11 Pt 1):865-71.*

102.**Патил ПБ, Патил БР.** Слюна: диагностический биомаркер заболеваний пародонта. *Journal of Indian Society of Periodontology. 2011;15(4):310.*

103.**Patters MR, Niekrash CE, Lang NP.** Оценка расщепления комплемента в десневой жидкости во время экспериментального гингивита у человека. *J Clin Periodontol 1989;16(1):33-37.*

104.**Persson GR, Alves ME, Chambers DA, Clark WB, Cohen R, Crawford JM, A** multicentered clinical trial of PerioGard in distinguishing between diseased and healthy periodontal sites. *J Clin Periodontal. 1995;22:794-803.*

105.**Persson GR, DeRouen TA, Page RC.** Взаимосвязь между уровнем аспартатаминотрансферазы в десневой щелевой жидкости и активной деструкцией тканей у пациентов с хроническим пародонтитом. *J Periodont Res. 1990;25:81-87*

106.**Persson GR, Page RC.** Диагностические характеристики уровня аспартатаминотрансферазы (АСТ) в щелевой жидкости, связанные с активностью заболеваний пародонта. *Journal of clinical periodontology. 1992;19(1):43-8.*

107.**Priyanka N, Kalra N, Shanbhag N, Kumar K, Seema, Brijet B,** Последние подходы к использованию слюны в качестве надежного пародонтального диагностического и прогностического маркера. *AOSR. 2012;2:40-46*

108.**Puscasu CG, Dumitriu A, Dumitriu HT.** Средства биохимической и ферментативной диагностики при заболеваниях пародонта. *OHDMBSC. 2005;4:19-25*

109.**Rai B, Kharb S, Anand SC.** Слюнные ферменты и тиоцинат: Слюнные маркеры пародонтита среди курящих и некурящих людей; пилотное исследование. *Adv Med Dent Sci. 2007;1(1):1-4.*

110.**Ramadhani NF, Nugraha AP, Gofur NR, Permatasari RI, Ridwan RD.** Повышение уровня малондиальдегида и катепсина C Aggregatibacter actinomycetemcomitans в слюне как биомаркеры агрессивного пародонтита. *Biochemical and Cellular Archives. 2020;20(1):2895-901.*

111.**Ramseier CA, Kinney JS, Herr AE, Braun T, Sugai JV, Shelburne CA, Rayburn LA, Tran HM, Singh AK, Giannobile WV.** Выявление маркеров патогенов и реакции хозяина, коррелирующих с заболеваниями пародонта. *Journal of periodontology. 2009 ;80(3):436-46..*

112.**Reinhardt RA, Masada MP, Kaldahl WB, DuBois LM, Kornman KS, Choi JI,**

Уровни IL-1 и IL-6 в десневой жидкости при рефрактерном пародонтите. *J Clin Periodontol 1993;31(7);45-52.*

113.**Renvert S, wikstrom M, Mugrabi M, Kelly A, Claffey N.** Ассоциация активности эластазы в щелевой жидкости с гистологически подтвержденной потерей прикрепления при лигатурно-индуцированном периодонтите у собак породы бигль. *J Clin Periodontol 1998;25:368-374.*

114.**Reynolds JJ, Hembry RM, Meikle MC.** Деградация соединительной ткани в здоровом состоянии и при заболеваниях пародонта и роль матриксных металлопротеиназ и их естественных ингибиторов. *Adv Dent Res 1994;8(2):312-319.*

115.**Rossomando EF, Kennedy JE, Hadjimichael J.** Tumour necrosis factor alpha in gingival crevicular fluid as a possible indicator of periodontal disease in humans. *Arch Oral Biol 1990;35(6):431-434.*

116.**Sahu P, Pinkalwar N, Dubey RD, Paroha S, Chatterjee S, Chatterjee T.** Биомаркеры: новый инструмент для диагностики заболеваний и разработки лекарств. Asian *Journal of Research in Pharmaceutical Science. 2011;1(1):9-16.*

117.**Salminen A, Gursoy UK, Paju S, Hyvarinen K, Mantyla P, Buhlin K, Kononen E, Nieminen MS, Sorsa T, Sinisalo J, Pussinen PJ.** Слюнные биомаркеры бактериального бремени, воспалительной реакции и деструкции тканей при пародонтите. *Journal of clinical periodontology. 2014;41(5):442-50.*

118.**Sanchez GA, Miozza VA, Delgado A, Busch L.** Взаимосвязь между слюнным муцином или амилазой и состоянием пародонта. *Oral diseases. 2013;19(6):585-91.*

119.**Savitt ED, Strzemoko MN, Vaccaro KK .** Сравнение культуральных методов и анализа ДНК-зондов для выявления Aa, Pg и B intermedius в образцах поддесневого зубного налета. *J Periodontol 1988;59:431-438.*

120.**Шимхадака К., Мизуно Т.** Анализ содержания АСТ в десневой щелевой жидкости с помощью прибора Perio Watch: Продольное исследование с начальной терапией. *J Clin Periodontal. 2000;27;819-23.*

121.**Шугарт Л.Р.** Биомаркеры загрязнения окружающей среды. *CRC Press; 2018 Jan 18...*

122.**Socransky SS, Haffajee AD.** Бактериальная этиология деструктивных заболеваний пародонта: современные представления. *J periodontol 1992;63:322-337.*

123.**Sorsa T, Tervahartiala T, Leppilahti J, Hernandez M, Gamonal J, Tuomainen AM.** Коллагеназа-2 (ММП-8) как биомаркер при пародонтите и сердечно-сосудистых заболеваниях. Терапевтический ответ на неантимикробные свойства тетрациклинов. *Фармакологические исследования. 2011; 63:108-13*

124.**Sreedhar A, Shobha Prakash , Sapna N , Santhosh Kumar.** Протеомика - новая эра в пародонтологии. *J Dent Sci Res 2011;2(2):1-5.*

125.**Srivastava N, Nayak PA, Rana S.** Point of care - новый подход к диагностике пародонтита - обзор. *Журнал клинических и диагностических исследований: JCDR. 2017;11(8.*

126.**Стримбу К., Тавель Ж.** Матурометр - инструментальное испытание и редизайн. *Curr Opin HIV AIDS. 2010;5(6):463-6..*

127.**Suomalainen K, Saxen L, Vilja P, Tenovuo J.** Пероксидазы, лактоферрин и лизоцим в нейтрофилах периферической крови, десневой щелевой жидкости и цельной слюне пациентов с локализованным ювенильным пародонтитом. *Oral Dis 1996;2(2):129-134.*

128.**Taba M Jr, Kinney J, Kim AS, Giannobile WV.** Диагностические биомаркеры заболеваний полости рта и пародонта. *Dent Clin North Am. 2005;49:551-72.*

129. **Табак Л.А.** Точечная диагностика в полости рта. *Ann N Y Acad Sci. 2007;1098:7-14*

130. **Talonpoika J, Heino J, Larjava H, Hakkinen L, Paunio K.** Gingival crevicular fluid fibronectin degradation in periodontal health and disease. *Scand J Dent Res 1989 ;97(5):415-421.*

131. **Talonpoika JT, Hamalainen MM.** Карбокситерминальный телопептид коллагена I типа в десневой щелевой жидкости человека в различных клинических условиях и после пародонтологического лечения. *J Clin Periodontol 1994;21(5):320-326.*

132. **Tasdemir I, Erbak Yilmaz H, Narin F, Saglam M.** Оценка уровня растворимых рецепторов активатора плазминогена урокиназы (suPAR), галектина-1 и TNF-a в слюне и десневой жидкости при здоровье и болезни пародонта. *Journal of periodontal research. 2020;55(5):622-30.*

133. **Teles R, Sakellari D, Teles F, Konstantinidis A, Kent R, Socranskey S,** Relationship among Gingival crevicular fluid biomarkers clinical parameters of periodontal disease and the subgingival microbiota. *J periodontal 2010;81:89-98.*

134. **Turner SM, Hellerstein MK.** Новые применения кинетических биомаркеров в доклинической и клинической разработке лекарств. *Curr Opin Drug Discov Devel. 2005 ;8(1):115-26.*

135. **Uitto VJ, Suomalainen K, Sorsa T.** Слюнная коллагеназа. Происхождение, характеристики и связь со здоровьем пародонта. *J Periodontal Res 1990 ;25(3):135-142.*

136. **Van Gestel CA, Van Brummelen TC.** Включение концепции биомаркеров в экотоксикологию требует переопределения терминов. *Ecotoxicology. 1996;5(4):217-25.*

137. **Victor DJ, Paul MA, Liu DT.** Биомаркеры заболеваний пародонта. *SRM Journal of Research in Dental Sciences. 2011;1(3):266.*

138. **Villela B, Cogen RB, Bartolucci AA, Birkedal-Hansen H.** Активность коллагеназы кревикулярной жидкости у здоровых, больных гингивитом, хроническим пародонтитом взрослых и локализованным ювенильным пародонтитом. *Journal of periodontal research. 1987;22(3):209-11.*

139. **Wei L, Liu M, Xiong H.** Role of Calprotectin as a Biomarker in Periodontal Disease. Mediators of inflammation. *2019;20:56.-61*

140. **Винкельгоф А.В., Винкель А.Г.** Микробиологическая диагностика в пародонтологии: биологическое значение и клиническая обоснованность. *Пародонтология 2000 2005;39:40-52.*

141. **Вонг ДТ.** Слюномика. *J. Am Dent Assoc. 2012;143:19S-24S.*

142. **Вонг ДТ.** Диагностика по слюне с использованием нанотехнологий, протеомики и геномики. *JADA 2006;137:313-321.*

143. Всемирная организация здравоохранения.

144. **Yaegaki K, Sanada K.** Летучие соединения серы в воздухе полости рта клинически здоровых людей и пациентов с заболеваниями пародонта. *J Periodontal Res 1992;27(4):233-238.*

145. **Zhang L, Henson BS, Camargo PM, Wong DT.** Клиническое значение слюнных биомаркеров заболеваний пародонта. *Periodontology 2000. 2009;51(1):25-37.*

146. **Zurdukar PA, Kurdukar AA, Mahale SA, Beldar AM.** Биомаркеры десны щелевой жидкости. *IOSR Journal of Dental and Medical Sciences. 2015;14(10):104-9.*

Printed by Books on Demand GmbH, Norderstedt / Germany